W0084077

Sibylle Thelen

Istanbul – Stadt unter Strom

Sibylle Thelen

Istanbul –
Stadt unter Strom

Gesichter der neuen Türkei

Mit einem Vorwort von
Feridun Zaimoglu

HERDER

FREIBURG · BASEL · WIEN

Aussprache türkischer Buchstaben:

c: stimmhaftes „dsch"
ç: „tsch"
ğ: oft nur Dehnung des vorausgehenden Vokals,
    zwischen hellen Vokalen auch „y"
ı: dumpfes „i"
ş: „sch"
z: stimmhaftes „s"

Originalausgabe

© Verlag Herder Freiburg im Breisgau 2008
Alle Rechte vorbehalten
www.herder.de

Umschlaggestaltung und -konzeption:
R · M · E München / Roland Eschlbeck, Liana Tuchel
Satz: fgb · freiburger graphische betriebe
www.fgb.de
Herstellung: CPI Moravia Books, Pohorelice

Gedruckt auf umweltfreundlichem, chlorfrei gebleichtem Papier
Printed in Czech Republic

ISBN 978-3-451-03009-3

Inhalt

Vorwort

Die Türkei hat es in den letzten drei Jahrzehnten zu trauriger Berühmtheit gebracht: Sie steht in dem Ruf, kein Musterland zu sein. Die Experten aller abendländisch inspirierten Lager berufen sich auf den demokratischen Prozess, der in vollem Gange sei und eben aber auch in Intervallen unterbrochen werde. Eine reaktionäre Elite habe es darauf abgesehen, Recht und Gesetz der Präventivschlagsdoktrin zu opfern, immer dann, wenn es gelte, die inneren und äußeren Feinde abzuwehren. Eine große Ungeduld treibt die Experten an, sie mahnen an, sie belehren, sie verdammen: Es ist ein großer Spaß und ein herrliches Vergnügen, einem fremden Volk Mitteilung davon zu machen, dass man Reife nur am Ende einer Reifung erlange. Gleichzeitig sind sich die Schulmeister der doktrinären Demokratie darin einig, die Türkei – das kranke Land – von den Segnungen einer EU-Vollmitgliedschaft fernzuhalten. In den Bildern der Kommentatoren entdeckt man keine Detailansichten, die auf das große Ganze hinweisen, sondern einen Triumphalismus ob einer unterlegenen Gesellschaft. Die Türkei scheint das Land der Defekte, Desaster und Dysfunktionen zu sein; die Kenner der Materie sprechen von Besserung und wollen den politischen Führern Werkzeuge in die Hand geben, als müsste man nur die losen Schrauben an der Maschine festdrehen. Das Volk wiederum taucht höchstens als die Masse der Türken auf. Der Idealtyp des „Türken" ist eine grobe Verzerrung. Es kann ja stimmen, dass „der Türke" immer dann mustergültig ist, wenn er sich einer Tradition besinnt wie die der Gastfreundschaft. Wer aber das organische Geflecht der Gebräuche als die Matrix der heutigen türkischen Gesellschaft versteht – wie es fast alle Türkeikenner tun –, übersieht den Pragmatismus der einfachen Menschen. Tatsächlich ist der Rückgriff auf die alten Werte in Zeiten der sozialen Erosion ein Sicherheitsgewinn, der Bürger erhält sich in der Krise seine Selbstachtung. Dieses Phänomen lässt sich aber vornehmlich in den Gesellschaften beobachten, in denen die Traditionspflege einen Schutz vor den Folgen heftiger Umwälzungen garantiert. Vor diesem Hintergrund mutet es schon abenteuerlich an, wenn die Beobachter des türkischen Schlamassels einem Export-Humanismus das Wort reden. Keine Schwachstellenanalyse kommt ohne den Faktor „die moderaten Kräfte" aus; damit sind wohl Politdesperados gemeint, die sich nach außen profilieren, indem sie nach innen treten. Man mag dazu stehen, wie man will, jeder Nationalstaat – ob im ideellen Staatenverbund oder nicht – beharrt auf der Unverletzbarkeit seiner Grenzen. Darin einen Bruch mit dem geltenden Recht zu vermuten bestärkt nur die türkischen Nationalkonservativen in ihrem Verdacht, inländische Zersetzer arbeiteten mit ausländischen Sponsoren Hand in Hand. Das Lamento über „die Schlange des Separatismus" findet seine Entsprechung in dem westeuropäischen Klagegesang, dass sich die Türkei nicht wirklich vom osmanischen Erbe losgesagt habe. Die historisierende Sicht überhöht die sozialen Schlachten dieser Tage zu Kulturkämpfen, und der Einzelne taugt nur als Krieger, der im Abraum der Geschichte Requisiten für seine Werteordnung plündert. Früher hieß man die Türkei einen kranken Mann, nun zeichnet man sie als hinkenden Einäugigen, dem man am liebsten die Krücken wegtreten würde. Besonders in Zusammenhang mit der EU-Mitgliedschaftsreife der Türkei wurde in den deutschen Medien viel Unsinn geschrieben. Es hieß, die Bauern aus dem anatolischen Hinterland würden ganz Europa überrennen; es wurde vermutet, dass ein Millionenheer von Andersgläubigen die Schranken durchbrechen würde, sollte es zur Aufnahme der Türkei kommen. Namhafte Soziologen und Historiker verwiesen auf die jahrhundertealte Glaubensfehde zwischen „den Christen" und „den Moslems". Die Befürworter eines Beitritts aber führten fast alle falsche Gründe an: Sie verklärten die Türkei zu einer Brücke zwischen den Kulturen. Sie sprachen sich für durchlässige Grenzen aus und vergaßen, dass nur das ökonomische Gefälle die Habenichtse in die reichen Länder strömen lässt.

Über die Türkei sind viele Gerüchte im Umlauf, und mit der Zeit hält man die Viertelwahrheiten für harte Fakten. Die Experten schneiden sich eine Schablone zurecht, um die Realität ihr anzupassen. Dies Land scheint halb Balkan, halb orientalische Despotie zu sein, und wenig fehlt, dass man der Türkei den Status des Schurkenstaates zuspricht. Das Militär, der Geheimdienst und die Rechtsnationalen bilden, so heißt es, eine unheilige Koalition, der die Guten und Edlen gegenüberstehen – das sind dann auch die Minderheitenvertreter, die Kulturschaffenden und die westlich gesinnten Metropolenbürger. In den letzten drei Jahrzehnten hat man stets dieses Bild vom Kampf des Lichts gegen die Finsternis bemüht, und es nimmt nicht wunder, dass eine überwiegende Mehrheit der Türken sich nun gegen einen EU-Beitritt ausspricht. Sie sind der Bürokratie, der Schlamperei, der Vetternwirtschaft und der Gewaltkultur überdrüssig geworden und wollen, allein schon aus lebenspraktischen Erwägungen, eine Demokratie. Sie haben es satt, der Willkür von Patriarchen und Potentaten ausgesetzt zu sein. Die Türken wünschen sich nichts sehnlicher, als dass die instabilen Verhältnisse überwunden werden. Wer sich die Mühe macht, mit den einfachen Menschen zu reden, wird auf gut unterrichtete Türken stoßen, denen die Ideologien nicht zusagen. In ihren Augen ist die Türkei als unliebsamer Kandidat kein wirklicher Kandidat für Europa. Die alte Bürokratenkaste hat es nicht für möglich gehalten, dass eben diese einfachen Menschen es fertigbringen könnten, sie durch Wahlen abzustrafen. Aber genau das ist eingetreten, und die sogenannten Freiheitsbarden, die in den internationalen Blättern ihre Ammenmärchen erzählten, hüllen sich in Schweigen.

Vielleicht ist es an der Zeit, weniger den Experten, als vielmehr den Geschichtenerzählern zu lauschen, jenen, die sich keinen Vorteil davon versprechen, wenn sie sich für schönere und freiere Verhältnisse einsetzen. Sie wissen, dass es nicht so sehr darauf ankommt, eine west-östliche Synthese zu versuchen. Die Türkei hat in den vergangenen Jahrzehnten viele harte Brüche durchlitten, und die Politiker haben unter dem Vorwand, eine Hinwendung zur Moderne zu vollziehen, nur die Misere verwaltet. Heute kann das Land sich nicht mehr abschotten, und die Macht der Autokraten wird im Zuge der Reformpolitik beschnitten. Der Wandel muss vorsichtig vonstatten gehen, denn die Extremisten aller Lager hoffen auf eine gesellschaftliche Zerrüttung. Die Integration der Millionen von Menschen aus dem anatolischen Kernland und vor allem aus dem Südosten des Landes ist das große mutterländische Projekt der Gegenwart. Die künftige Elite der Türkei wird von jenen gestellt werden, deren Großväter noch kleine Felder bestellt haben. Es gibt sehr viele Gründe, den Türken auf dem Weg zu einer wirklichen Zivilgesellschaft Glück zu wünschen und Bewunderung zu zollen.

Feridun Zaimoglu

Einleitung:
Istanbul – Stadt unter Strom

Die Kultur erzählt von einer
dynamischen Gesellschaft

Auch harte Jungs, Rapper und Breakdancer, lieben das Gedicht von Orhan Veli Kanık, der viel zu jung gestorben ist, 1950, mit nur 36 Jahren. „Ich höre Istanbul, meine Augen geschlossen", so lautet sein immer wiederkehrender Vers. Assoziativ, mit sparsamen Worten, ohne Reim und Metrum, schuf Kanık ein Klangbild seiner Stadt. Blätter rascheln, Tauben flattern auf in den Höfen, pausenlos die Glocke des Wasserverkäufers, Flüche, Lieder, Rufe und das Gehämmer von den Docks. Das pralle Leben der Metropole, ihr Chaos, ihr Trott fügen sich harmonisch in eins: den kraftvollen Herzschlag Istanbuls. Der türkische Poet hatte die Hand am Puls der Stadt.

Viele haben Kanıks Gedicht vertont, die Jazzsängerin Sema aus Berlin etwa. Nun also verrenken sich die Istanbul Style Breakers zum Stakkato des Kanık-Sounds. Er fasziniert, ist aber auch ein wenig von gestern. Selig die Zeiten, als sich noch einzelne Geräusche herausfiltern ließen. Was hielte Orhan Veli Kanık von der Kakophonie heute? Istanbul, der Dreizehn-Millionen-Einwohner-Moloch, der nie schläft, gibt unentwegt Krach von sich. Gegen den Verkehrslärm kommt ein einzelner Sesamkringelverkäufer mit seinen Rufen nicht an. Und die Muezzine schaffen es auch nur mit der geballten Kraft unzähliger Lautsprecher. Ein Meer von Schallwellen schwemmt jedes Orientklischee davon.

Istanbul hören heißt heute: Fortschritt und Tradition auf einmal hören. Jeder lärmt, und keiner hat darauf das Monopol.

So tönt die toughe, ungezügelte Version einer dynamischen Gesellschaft. Und so klingt, frappierend zeitgemäß, die Gedichtinterpretation der Breakdancer, die Kanıks zärtliche Sprache wie mit dem Presslufthammer zur Starkstrompoesie verdichten. Es ist spannend, zu hören und zu sehen, wie die Musik und die türkische Kulturszene überhaupt die Schwingungen der Zeit verarbeiten. Gemeinsam bricht man auf, um den Anschluss an das pluralistische Europa und mehr noch: an die Globalisierung zu suchen, aber auch, um die eigenen Wurzeln zu finden und freizulegen. Versuchslabor dieses türkischen Experiments ist Istanbul mit all seinen spannungsreichen Gegensätzen: West und Ost, Laizismus und Islamismus, Reich und Arm, Stadt und Dorf. Hier ist jeder zu Hause – oder gar niemand.

Vor ein paar Jahren noch stand diese Riesenstadt für das Vergangene, Verdrängte. Sie lag nicht nur auf der türkischen Landkarte an der Peripherie, sondern auch im nationalen Bewusstsein. Istanbul fügte sich einfach nicht in das neu erzeugte Selbstverständnis der türkischen Republik, denn die offizielle Lesart ihrer Gründungsgeschichte geht so: Mustafa Kemal, ein erfolgreicher General des Osmanischen Reichs, begann 1919 seine Mitstreiter im östlichen Anatolien zu versammeln. Die Alliierten des Ersten Weltkriegs hatten Kleinasien und Thrakien, die letzten, scheinbar herrenlosen Trümmer des zerfallenen Osmanischen Reichs, mehr oder weniger unter sich aufgeteilt. Britische, französische, italienische, aber auch griechische, armenische und georgische Truppen waren in die Resttürkei eingerückt, und Istanbul war von den Briten besetzt. Doch Mustafa Kemal und seine Männer durchkreuzten den Plan der Sieger. Ihr verzweifelter Kampf, in dem sie Anatolien zurückeroberten, ist als Befreiungskrieg in die türkische Geschichte eingegangen. 1923 war er zu Ende. In jenem Jahr wurde in der neuen Hauptstadt Ankara die Republik ausgerufen und Mustafa Kemal zum Präsidenten gewählt. Seit 1935 wird er beim Ehrennamen Atatürk genannt: Vater der Türken.

Bis heute wird der Befreiungskrieg im Stil einer Siegeshymne besungen. In Istanbul ist das freilich von Anfang an schwerer als anderswo im Land gewesen. Dort mischten sich unversehens schwermütige Töne in das Lied, es klang mehr nach Moll als nach Dur. Denn die alte Kapitale war versunken, ihr multikultureller Metropolencharme dahin. Orhan Pamuk, der erste Literaturnobelpreisträger der Türkei, beschreibt den einschneidenden Bedeutungsverlust seiner Geburtsstadt und dessen lang anhaltende Folgen, nämlich jene typisch Istanbuler Tristesse, in seinem Erinnerungsbuch *Istanbul.* Ausführlich philosophiert er über *hüzün*, den bedeutungsreichen türkischen Begriff für das Gefühl einer kollektiven und unheilbaren Melancholie. Vor allem Leser seiner Generation, sagt Orhan Pamuk, fänden in seinem Buch ihr eigenes Istanbul wieder. Die jungen blättern sich mit einem gewissen Befremden durch das nostalgisch bebilderte Werk: Derart regenschleierverhangen, wie begraben unter Trümmern und Asche kennen sie ihr Tag und Nacht pulsierendes Istanbul gar nicht. Wie auch? Das Buch, räumt der Autor bei Lesungen mit amüsiertem Lächeln ein, ende 1974. Bleibt also genug Stoff für ein neues ...

Es dürfte dennoch kein Zufall sein, dass die Erkenntnis des kollektiven Leidens just in jenem Moment ins allgemeine Bewusstsein gedrungen ist, in dem sich die neuen Kräfte zu regen begonnen haben. Altes wird dabei aufgewirbelt, wiederentdeckt und wiederbelebt. Und so erzeugt die Globalisierung auch hier ihre Widersprüche, Spannungen und Energien. Istanbul zählt zu den Megacitys dieser Welt. Über 13 Millionen der gut siebzig Millionen Türken leben hier. Noch in den fünfziger Jahren hatte die Stadt am Bosporus eine Million Einwohner. Heute fährt man von ihrem einen bis an ihr anderes Ende gut siebzig Kilometer durch wild verbautes Gelände, vorbei an Wolkenkratzern, Wohnsilos und Bretterbuden. Die historische Altstadt erstreckt sich auf nur fünf Prozent der gesamten Fläche. Der ungebremste, nach wie vor kaum aufzuhaltende

Zuzug vom Land hat Istanbul auf rabiate Weise verändert. Aber auch die Zuwanderung aus dem Osten, von dem man seit dem Fall des Eisernen Vorhangs nicht mehr abgeschottet ist, hat das Leben in der Stadt aufgemischt: Es kommen Russen, Ukrainer, Aserbeidschaner, Usbeken, Kirgisen, Armenier und viele andere. Nun rüstet man sich für einen Ansturm bisher unbekannter Art: 2010 wird die einzige zwei Kontinente überspannende Stadt der Welt europäische Kulturhauptstadt sein – und Istanbul will selbstbewusst beweisen, dass es außer Sultansschätzen und Basarzauber noch mehr zu bieten hat.

All diese Veränderungen haben auch etwas mit der Öffnung des Landes zu tun. Seit den achtziger Jahren ist sie auf dem wirtschaftspolitischen Feld massiv vorangetrieben worden, damals zunächst von dem konservativen Marktwirtschaftler Turgut Özal, dem ersten frei gewählten Ministerpräsidenten nach dem Staatsstreich des Militärs vom 12. September 1980. Das Land war wie gelähmt. Der Putsch hatte die Gesellschaft in eine Schockstarre versetzt, und Özal löste sie mit ökonomischen Anreizen. Die privatwirtschaftliche Industrialisierung wurde in jener Zeit vorangetrieben. Die Exporte und auch die Importe bekamen Schwung. 1986 eröffnete am Istanbuler Taksim-Platz der erste McDonald der Türkei. Der Ansturm der Menschen bewies mehr als nur den Heißhunger auf Hamburger: nämlich die Lust auf Teilhabe am Konsum. Mit der wirtschaftlichen Öffnung kam die kommerziell-kulturelle – samt erster Experimente in Istanbul: Der Aufbruch der türkischen Popmusik fällt nicht zufällig in diese Zeit, und ebenso auch der Beginn des privaten Rundfunks. Heute fährt man auf den Stadtautobahnen an den großen Sendern und Verlagshäusern vorbei, Neubauten größtenteils. Von hier aus bedienen die Medienunternehmen den türkischen Markt. Sie haben ihre Fühler bis auf den Balkan oder nach Zentralasien ausgestreckt. Dort finden sich nicht nur für türkische Fernsehserien aufnahmebereite Absatzmärkte. Inzwischen entdecken auch westliche Medienhäuser den boomenden Markt am Bosporus und investieren.

Inmitten dieser Stadt im Umbruch leben auch die türkischen Künstler, Schriftsteller, Musiker, Regisseure, Schauspieler. Auffällig viele Kulturschaffende sind in Istanbul zu Hause. Man kennt sich seit Jahren, teilweise seit Jahrzehnten. Man hat dieselben Schulen und dieselben Universitäten besucht, wohnt in denselben Vierteln, trifft sich bei denselben Veranstaltungen. So war das früher schon, und so ist das bis heute – mit dem Unterschied freilich, dass die türkische Kulturszene nicht mehr für sich alleine existiert. Auch sie ist vom allgemeinen Wandel erfasst worden. Nicht wenige wissen die neuen Chancen zu nutzen: Künstler und Galeristen sind erfolgreich dabei, sich international zu vernetzen. Autoren bringen von ihren Auslandsreisen fremde Stoffe mit, die sie literarisch verarbeiten. Musiker stehen auf den Bühnen der Welt, weil überall die Weltmusik im Kommen ist. Viele haben ihre Antennen weit ausgefahren – man ist auf Empfang und längst selbst auf Sendung.

Und so ist es inzwischen nicht allein die Wirtschaft, die das Land in die Moderne vorantreibt, weil sie schon aus ökonomischem Interesse eine Annäherung an die Europäische Union mit den unvermeidbaren politischen Konsequenzen forciert. Beteiligt an diesem Modernisierungsprozess ist auch die Kultur. Die Folgen sind unübersehbar: Die Literatur wird immer mannigfaltiger, sowohl was die Genres als auch was die Inhalte angeht. Der totgesagte türkische Film knüpft an seine produktiven alten Zeiten an. Die Musikszene ist kaum zu überblicken, so vielfältig ist das Angebot. Ein ungezügelter Schaffensdrang bricht sich Bahn. Es ist gar nicht so einfach, dieses kreative Chaos zu ordnen.

Wenn sich Grundmuster erkennen lassen, dann diese: Erstens arbeiten sich die Künstler an den zentralen Themen der türkischen Gesellschaft ab – an den zahlreichen ungelösten Identitätsfragen, an den verstörenden Modernitätskonflikten. Zweitens haben sie begonnen, auch Verborgenes ans Licht zu holen, und dort untersuchen sie nun die schwärenden Wunden der Vergangenheit. Und drittens schöpfen sie lustvoll aus diesem einzigartigen Reich der Schnittmengen, das Westliches wie Östliches umfasst. Jeder ist sein eigener Fusionsexperte.

All das lässt sich in Istanbul bestens studieren. Denn diese Stadt ist, wie Orhan Pamuk es einmal formuliert hat, die ganze Türkei. Er weiß, dass ihm das insbesondere im Westen viele gar nicht glauben können. Dort kennt man eine derartig hochprozentige Konzentration von Kontrasten kaum. Die Türkei hingegen birgt Welten, die so unterschiedlich sind wie die todschicke Mailänder City und ein indischer Slum, und Istanbul birgt auch das auf engstem Raum: Wer will, kann sich hier in eine sündhaft teure Shoppingmall mit Dolce & Gabbana & Co. versetzen lassen oder in eine Art hinteranatolisches Dorf. Diese Gegensätze fordern zwangsläufig zur Auseinandersetzung heraus – zur gesellschaftspolitischen und künstlerisch-kreativen. Autoren erkunden die sozialen Klüfte, Regisseure untersuchen seelische Befindlichkeiten, und selbst triviale Unterhaltungsfilme tauchen in dieses vielschichtige Reservoir alltagsnaher Konfliktthemen ein. Da wird wie nebenbei manches formuliert, was auf politischer Ebene zu sagen noch schwerfällt.

Orhan Pamuk, der vor seinem Nobelpreis (2006) den Friedenspreis des Deutschen Buchhandels (2005) erhielt, beschrieb in seiner Paulskirchenrede die Möglichkeiten einer solchen Auseinandersetzung am Beispiel der Literatur: Der Roman sei für ihn „eine Schule des Denkens, des Verstehens und Sich-Vorstellens". Ihm wohne eine Zauberkraft inne, die eine Identifikation mit dem Beschriebenen ermögliche, aber auch die Möglichkeit schaffe, sich das Andere, das Fremde anzueignen. „So versuchen wir mittels von Romanen erst die Grenzen anderer zu verschieben, dann die eigenen." Orhan Pamuks literarisches Schaffen fußt auf einem aufklärerischen Grundverständnis. In seinem Roman *Schnee* inszeniert er den Zusammenprall von Säkularisten und Fundamentalisten, Atheisten und gläubigen Muslimen, Terroristen und Militärs im fernen Osten der Türkei.

Der Autor gibt seinen unterschiedlichen Wortführern die Gelegenheit, ihr Weltbild zu erklären – und zugleich seinen Lesern die Freiheit, in diese fremden Gedankenwelten eintauchen. Orhan Pamuk geht es um die Auseinandersetzung mit Andersdenkenden, nicht um deren Ausgrenzung im autoritären Stil.

Literatur, die sich solch einem Grundverständnis verpflichtet sieht, hat sich wohl noch nie von äußeren Vorgaben einfangen lassen. Orhan Pamuk ist Orhan Pamuk. Aber auch viele andere türkische Künstler gehen in auffälliger Weise ihrer eigenen Wege, und so ist auch die folgende Beobachtung bezeichnend für den kulturellen Aufbruch in der Türkei: Ganz allgemein löst sich die Kultur von den Erwartungen des Staates. Die Künstler lassen sich nicht mehr derart für die türkische Sache vereinnahmen, wie das in früheren Jahren üblich gewesen ist, insbesondere in den Gründungsjahren der Republik. Eine autonome Zone hat es auch in der türkischen Kultur immer gegeben; anders erneuert sich Kreativität auf die Dauer nicht. In dem Maße freilich, wie die türkische Kultur internationalen Anschluss sucht, weitet sie ihre Autonomie zu Hause aus. Die Inspiration globalisiert sich, und zugleich demokratisiert sie sich auch, schon allein durch die Vielfalt. Denn plötzlich drücken sich in der Kultur alle nur erdenklichen, staatlicherseits traditionell ignorierten Unterschiede des Landes aus: Es gibt kurdische Musik, islamisches Kino, frauenbewegte Literatur, osmanisierende Poesie etc. In der Kultur entsteht so etwas wie das – verwirrende, aber durchaus realistische – Abbild einer sich schon seit längerer Zeit ausdifferenzierenden Gesellschaft.

Dieser Wandel vollzieht sich evolutionär. Da wächst etwas von unten, blüht und verästelt sich und ließe sich – so hofft man – selbst mit harter Hand kaum noch stutzen. Häufig hört man in der Türkei die Feststellung, die Gesellschaft selbst sei offener als das System. In der Kultur bildet sich dies ab. Doch auch in der Politik tobt mittlerweile ein Kulturkampf. Im Wahljahr 2007 wollte ihn die alte Elite wie einen Konflikt zwischen

Säkularisten und Islamisten erscheinen lassen. In Wirklichkeit verliefen die Fronten anders: zwischen den Beharrungskräften und den Gewinnern des Wandels, zwischen den Nationalisten und jenen, die für Öffnung und Pluralismus stehen. Die Bürger stärkten bei den Parlamentswahlen im Juli schließlich mehrheitlich die konservativ-islamische AKP. Sie wählten die Hoffnung auf weiteren Wandel, und sie wählten nicht zuletzt auch ihresgleichen an die Macht: eine Partei, die eine Bewegung von unten ist, getragen vom Kleineleute-Milieu, von anatolischen Bauern und muslimischen Mittelständlern.

Die Auseinandersetzung um die Deutungshoheit im Land ist in vollem Gange. Das zeigen auch die Prozesse gegen Schriftsteller und Publizisten. Die Vehemenz, mit der türkische Ultranationalisten anklageschreibend vorgehen, immer unter Verweis auf die „Herabwürdigung des Türkentums" (Strafgesetzbuch Paragraf 301), verrät die Angst des Verlierers. Eine solche Angst ist gefährlich. Sie kann mörderische Folgen haben – so wie am 19. Januar 2007. Jener Freitag war ein schwarzer Tag für das Land: Da wurde der türkisch-armenische Journalist Hrant Dink, der sich öffentlich für die Aufarbeitung des Armenierpogroms 1915 eingesetzt hatte, vor seinem Büro erschossen. Die Polizei nahm den mutmaßlichen Täter wenig später fest: einen 17-Jährigen aus dem ostanatolischen Trabzon. Er war offenbar von einem 26-Jährigen mit einschlägigen Beziehungen ins nationalistische Milieu zu der Tat aufgestachelt worden. Hrant Dinks Witwe Rakel wagte es beim Prozessauftakt einige Monate später, dieses finstere Netzwerk gleichgesinnter Gegner zu benennen: „Jeder weiß, von welcher Dunkelheit ich spreche. Man findet ihre Anhänger in Gouverneursämtern, der Gendarmerie, der Armee, den Geheimdiensten, der Polizei, der Regierung, der Opposition, sogar in den Medien und den zivilgesellschaftlichen Organisationen. Ihre Namen und Ämter sind bekannt. Sie machen aus Kindern Mörder. Sie tun es, wie sie sagen, um der Türkei zu dienen."

Wer diese Dunkelheit ergründen will, verfängt sich in den Tiefen des Staates. *Derin devlet*, der tiefe Staat, so bezeichnet man in der Türkei jenes fein verästelte, weit verzweigte, von Biedermännern und Brandstiftern gestützte System der Macht. Nach außen hin legitimiert es sich mit der kemalistischen Doktrin, den Prinzipien des Staatsgründers. Im Kern geht es längst um anderes: um die Bewahrung eines autoritären, anti-pluralistischen Staatsverständnisses, um Kontrolle und Herr-schaft. Die Atatürk'sche Ideologie, mit der einst die Entwick-lung des von Kriegen gebeutelten Landes erfolgreich entfesselt wurde, ist in einer Mischung aus rigidem Laizismus und feind-bildbehaftetem Nationalismus erstarrt. Kritik am System wird verfolgt, notfalls vor Gericht.

Es ist die Frage, ob sich eine nachdenkliche Debatte über die Vergangenheit auf diese Weise weiter unterdrücken lässt. Eines fällt auf: Die Menschen sind seit 2007 auf den Beinen. Nach dem Mord an Hrant Dink wollten viele nicht länger wegsehen. Über hunderttausend Bürger gaben dem Toten das letzte Ge-leit. Ihr Slogan war bereits in der Nacht nach der Tat im Um-lauf gewesen: „Wir alle sind Armenier. Wir alle sind Hrant."
Deutlicher hätten die Menschen zum Nationalismus nicht auf Distanz gehen können. Auch die Großkundgebungen im Frühjahr 2007, als das kemalistisch-republikanische Lager zum Protest gegen die AKP-Regierung und deren Anspruch auf das Präsidentenamt aufrief, hatten einen kritischen Kern. Denn die Demonstranten ließen sich keineswegs von allen Zielen der Organisatoren, darunter auch pensionierte Militärs, verein-nahmen. Sie skandierten nicht nur: „Nein zur Scharia!" Sie riefen auch: „Nein zum Putsch! Ja zur Demokratie!"

Eine Geschichtsdebatte ohne Angst vor Heiligen und Hei-ligtümern könnte spannend werden. Sie könnte zeigen, wie sehr die tragisch-triumphale Gründungsgeschichte das Land bis heute prägt – es aber auch einzwängt und in einer zeit-gemäßen Entwicklung hemmt. Allen voran die Kulturschaffenden leisten zu dieser Debatte wichtige Beiträge. Das ist kein Zufall: In dem Maße, in dem sie ihre kreativen Freiheiten entfalten, treiben sie genau diese Diskussion wie von selbst voran. Unweigerlich setzen sie sich dabei mit dem kulturrevolutionären Anspruch des Kemalismus auseinander. Dieser widmete sich von Anfang an ganz besonders der Erziehung der Nation. Manche Historiker sprechen heute sogar von einer Erziehungsdiktatur. Es galt, eine Art neuen Menschen zu schaffen. Er sollte schreiben und lesen können, er sollte modern, aufgeklärt und säkular nach westlichen Vorstellungen sein, im Auftreten wie im Denken, und er sollte sich zum türkischen Staat bekennen. Der Staat erfand sich erst selbst, und dann erfand er sich sein Volk. Die Menschen sollten sich selbst als Türken, nicht länger als Muslime sehen. Damit das funktionieren konnte, wurden die Erinnerungen an die osmanisch-orientalische Vergangenheit radikal gekappt.

Mustafa Kemal selbst inszenierte sich als Lehrer der Nation. Ein Foto zeigt ihn vor der Schultafel: Er lehrt die lateinische Schrift, durch die man 1928 die arabische ersetzte. Er schickte Autoren, Maler und Musiker aufs Land, damit sie in seinem Auftrag Bildung verbreiteten. Später entstanden in den Dörfern sogenannte Volkshäuser. Dort wurde das Volk unterrichtet – und nebenbei den islamischen Geistlichen vor Ort das Bildungs- und Deutungsmonopol entzogen. Die gesellschaftlichen Erfolge waren beträchtlich, und ebenso viele andere Folgen. Der Kemalismus nutzte die Kultur für seine Ziele. Sprache und auch Forschung wurden seinen Grundsätzen unterworfen. 1931 entstand die „Gesellschaft zur Erforschung der Türkischen Geschichte", ein Jahr später die „Vereinigung zur Erforschung der Türkischen Sprache". Beide Organisationen zimmerten den kulturellen Überbau der Staatsdoktrin zusammen, manchmal mit brachialen, pseudowissenschaftlichen Methoden.

Kern des offiziellen Modernisierungscredos der jungen Republik war die Ausrichtung gen Westen. Damit knüpfte man durchaus an die osmanischen Reformstrategien des 19. Jahrhunderts an. Damals hatten die Machthaber zunächst das Militär nach europäischem Muster umorganisiert, später auch staatliche und institutionelle Strukturen wie das Bildungswesen. In beiden politischen Systemen war die Verwestlichungsstrategie ähnlichen Zielen unterworfen: Im Osmanischen Reich ging es darum, die gefährlich bröselnde Macht durch effizientere Strukturen abzusichern, so wie es später in der frisch gegründeten Republik darum ging, die neu errungene Macht gegen die alten orientalisch-islamischen Traditionen zu behaupten. In beiden Fällen freilich wurde die Moderne ohne ihren gedanklichen Kern adaptiert. Die Grundlagen für ein modernes Verständnis von Freiheit und Pluralismus wurden nicht wirklich gelegt. Und auch die Widersprüche, die unterschwellig weitergärten, wurden nicht wirklich versöhnt: In ihren diversen Spielarten tauchen sie bis heute immer wieder auf: Säkularismus gegen Islamismus, West gegen Ost, Moderne gegen Vergangenheit.

Türkische Intellektuelle beginnen zunehmend, solche Debatten vom Zaun zu brechen. Mutige Stimmen hat es auch früher gegeben. Allgemein ist der Konformitätsdruck noch immer groß, aber in Zeiten von Migration und ökonomischer Globalisierung, von Internet und weltweitem Gedankenaustausch lässt sich dieser Druck nicht mehr wie bisher ausüben. Von vielen wird er immer stärker als eingrenzend empfunden – von Bürgern, Unternehmern und auch von Künstlern. In einer Demokratie, sagt die Schriftstellerin Elif Shafak, müsse alles infrage gestellt werden dürfen. Orhan Pamuk lotet das spirituelle Vakuum aus, das dieser rigorose Laizismus verursacht hat. Wieder andere sind auf der Suche nach einem freiheitlich-modernen, aber dennoch islamkompatiblen Wertekonzept. Doch eines darf man auch nicht übersehen: Die Reaktion sammelt ihre Kräfte. Der Nationalismus ist wie eine scharfe Waffe, die sich viele nur allzu bereitwillig in die Hand drücken lassen – zum Mitreden, Mithassen, Mitkämpfen. Und auch solange die Kurdenfrage weiter schwelt, lassen sich gefährliche Konflikte schnell entzünden.

Dieses Buch will Einblicke in die zeitgenössische türkische Kultur geben. Es möchte seine Leser mit Menschen bekannt machen, die diese Kultur prägen – mit ihren Überzeugungen und vor allem mit ihrem künstlerischen Werk. Es sind diese Begegnungen, die so manches Ferne und Unvertraute plötzlich nachvollziehbar machen: die literarische Erkundung der Vergangenheit; die gerade heraufziehende Aufarbeitung mit dem großen Tabuthema 1915; die Fusionslust in der Musik; die Selbstermächtigung der Bürger als Förderer der Kultur; die weibliche Auseinandersetzung mit dem Vaterkult; die zunehmende Kommerzialisierung und Meinungsvielfalt in den Medien; die Emanzipationsgeschichten im islamischen Milieu; die Entfaltungsversuche von kurdischer Kultur; und – last not least – die Sehnsucht der städtischen Jugend nach dem Globalen, und beileibe nicht nur nach dem globalen Konsum. Da schließt sich auch ein Kreis hin zu Deutschland: Auch hierzulande entdecken Autoren, Filmregisseure, Theaterleute, Schauspieler und Künstler die Türkei samt dem Thema Migration als vielschichtiges, ergiebiges Arbeitsfeld.

Experimentierfreude, Tradition und moderne Individualität charakterisieren die türkische Kultur im Wandel. Es ist kein Zufall, dass er besonders unbeschwert über die Musik vorangetrieben wird. Sie erreicht die Herzen vieler Menschen. Die Intellektuellen setzen auf Öffnung. Sie dringen auf die Erfüllung der EU-Kriterien – und erhoffen sich davon einen gesamtgesellschaftlichen Lernprozess. Er sei wichtig, gar nicht so sehr die Mitgliedschaft selbst, sagen viele. In der Kultur ist man längst mittendrin in diesen Themen. Da hört man viele Stimmen.

1.

Orhan Pamuk schreitet voran

Die Literatur erforscht den Bewusstseinsschwund der modernen Türkei

Ende 2001. Noch hagelt es keine Preise, Prügel und Prozesse. Und die Politik überschattet auch noch nicht auf bedrohliche Weise das Gespräch mit Orhan Pamuk. Der Schriftsteller hat gerade seinen Roman *Rot ist mein Name* vorgelegt: ein schlaksiger Endvierziger, der seinen weltweiten Erfolg neugierig heranrollen sieht. Im Gespräch ist er locker, hin und wieder blitzt der Schalk in seinen Augen, aber seine Antworten setzt er mit Bedacht. Er selbst ist es, der das Literarische ins Politische einordnet, um sein zentrales Schaffensthema zu erläutern: die Entdeckung des vergessenen Ostens. „Frühere Autoren wollten die Türkei verwestlichen, auch meine Familie. Sie verschlossen die Augen für den Osten und seine Traditionen, und sie vergaßen. Wie Atatürk radierten sie die Vergangenheit aus. Aber damit löschten sie ein Volk aus, das auch in seiner Geschichte lebt. Die Autoren des realistischen Dorfromans wie Yaşar Kemal schrieben zwar über ihre Leute, und das war gut, aber das religiöse, mystische Leben hat in ihren Büchern keine echte Tiefe. Ich grabe die alte Kultur aus und versuche, sie in den kontroversen Kontext von heute einzubetten." Und so versetzte er seine Leser in *Rot ist mein Name* ins 16. Jahrhundert, mitten hinein in den erbitterten Streit zwischen den Buchmalern der persisch-osmanischen Schule und jenen, die den individuellen, wirklichkeitstreuen Stil der europäischen Renaissance aufnehmen. Es geht also um Deutungshoheit, um Gott und die Welt – um einen Glaubenskrieg. Wer will, kann darin heute eine Art vorweggenommenen Kampf der Zivilisationen sehen.

Herbst 2005. Nicht mehr lange, und es wird Preise, Prügel und Prozesse hageln. *Schnee*, sein Roman, der ihm verspätet auch in Deutschland zum Durchbruch verholfen hat, ist erschienen. Orhan Pamuk wirkt sichtlich angespannt. Er wird in den nächsten Wochen zunächst in Frankfurt den Friedenspreis des Deutschen Buchhandels entgegennehmen, und kurze Zeit später soll er in Istanbul wegen „Herabwürdigung des Türkentums" vor Gericht stehen. Ob er ahnt, dass er mit wütend um sich schlagenden Nationalisten konfrontiert sein wird? Nervös tastet der Autor die Fragen nach gefährlichen Haken ab. „Jetzt dramatisieren Sie mal nicht", sagt er immer wieder, um dann in der Antwort vor allem seinen individuellen künstlerischen Zugriff auf den Stoff zu betonen. Ob er sich als Autor in der Verantwortung sehe, den Erinnerungsprozess voranzutreiben? Ist der Bewusstseinsschwund der modernen Türkei, das „große Vergessen" der Republik, die ihre Zeitrechnung mit der Gründung 1923 begonnen hat, sein literarisches Lebensthema? In Orhan Pamuks Ton liegt leise Ungeduld. Zuschreibungen weist er von sich. Sollen doch die Museumskuratoren das Erbe pflegen. Er fühlt sich niemandem verpflichtet. Er ist frei, er ist Künstler. Erst als er das klargestellt hat, wird er etwas lockerer. Die Ironie geht wieder mit ihm durch. Er sei, sagt er mit gesenkter Stimme, die Wiederkehr des Verdrängten und Vergessenen, das nach der Lehre von Sigmund Freud bisher immer irgendwann zurückgekommen sei. „Ich bin dieses Comeback, aber auf postmoderne Weise, in einem anderen Gewand." Er lacht. In *Schnee* lässt er seine Helden alle möglichen ideologischen Kämpfe seines Landes auf einmal austragen. Der Konflikt eskaliert tumultuarisch, und der Wahn lässt grüßen.

Anfang 2007. Längst hagelt es Preise, Prügel und Prozesse. Wie lässt sich all das auf einmal aushalten? Die eigene Konsequenz verlangt Orhan Pamuk einiges ab. Sich treu zu bleiben, sich als schöngeistiger Literat und zugleich als politisch mündiger Mensch zu äußern, macht einsam. Das allein ist schlimm genug. Aber man weiß inzwischen, dass es schlimmer kommen kann. Die türkischen Fernsehnachrichten zeigen Anfang Februar 2007 einen Mann, der die ungewohnt menschenleeren Hallen des Istanbuler Atatürk-Flughafens durchschreitet, als wäre er auf der Flucht: Orhan Pamuk vor der Ausreise nach Amerika. Zwei Wochen zuvor ist sein Freund, der türkisch-armenische Journalist Hrant Dink, von einem 17-jährigen Nationalisten mitten in Istanbul auf offener Straße ermordet worden. Auch Hrant Dink war ein Mann, der sich treu geblieben ist. Auch in seinem Leben hagelte es Preise, Prügel und Prozesse – bis zum Tod. „Hrant Dink war ein mutiger Mensch, der seine Meinung nicht für sich behielt. Man hat ihn wegen seiner Gedanken getötet, die sich mit der staatlichen Sicht nicht deckten. Ich bin sehr traurig. Nicht nur für mich, sondern für uns alle, für die gesamte Türkei ist das ein sehr trauriges Ereignis. Man darf es nicht vergessen: Man hat hier jemanden ermordet, weil man seine Ideen nicht teilt." Mit diesen Worten gedenkt Orhan Pamuk seines Freundes in der türkischen Öffentlichkeit. Er sagt, was gesagt werden muss. Nicht mehr und nicht weniger. Die geplante Lesereise nach Deutschland tritt er nicht an. Es ist schwer, über Literatur zu sprechen, wenn sich die politische Realität brutal in den Vordergrund schiebt. Einige Monate später kommt er dann doch. Bei den Lesungen meidet er strikt die Politik.

Die drei Episoden erzählen viel von dem komplizierten Dilemma, in das türkische Intellektuelle geraten können. Orhan Pamuk will ein freier Schriftsteller sein. Umso härter stößt er deshalb in seinem eigenen Land auf Grenzen. Doch er setzt sich über sie hinweg. Er hält sich nicht an die offizielle türkische Geschichtsschreibung, nach der es manche seiner Themen nur anders oder gar nicht gibt. Er will seinen künstlerischen Kräften freien Lauf lassen: „Man folgt einer Musik", erläutert der Autor diesen Schaffensprozess. „Am Anfang ist es Dadaismus, es entsteht eine Collage. Aber dann wird der kreative Drang zu einer Art elektrischer Energie." Sie muss sich ungehindert entladen können. Angst darf man dabei keine haben. Auch nicht vor Prügeln und Prozessen. Das ist das eine, das erste Dilemma. Und das andere, das zweite Dilemma, folgt daraus: Orhan Pamuk hält sich auch nicht an die Erwartungen, die gerade wegen seiner literarischen Herangehensweise aus dem europäischen Ausland an ihn herangetragen werden. Ebenso wenig, wie er den Chronisten der türkischen Republik abgeben will, möchte er die Rolle des westlich geprüften und akzeptierten Türkeikritikers übernehmen. Gerade im Westen werden seiner Ansicht nach bestimmte, nicht immer zutreffende Vorstellungen von seinem Land kultiviert. Die Preise, die der Autor dort erhält, haben deshalb etwas Zwiespältiges: Sie sind eine Ehre, aber sie können auch zu einem Vereinnahmungsversuch werden. Dem gilt es mit Geschick zu widerstehen. Das erklärt so manche Eigenwilligkeit des Autors. Viele von Pamuks Landsleuten sehen in den Auszeichnungen ohnedies ein politisches Statement des Auslands. Nur jeder vierte Befragte erklärte in einer repräsentativen Umfrage der Zeitung *Milliyet*, er habe sich über Pamuks Nobelpreis gefreut. Vierzig Prozent hielten die Würdigung für literarisch „unverdient". Entsprechend gequält nahm die veröffentlichte Meinung den Preis zur Kenntnis.

Dennoch ist der Stockholmbesuch im Dezember 2006 in jeder Hinsicht ein Triumph: Orhan Pamuk, der erste Literaturnobelpreisträger der Türkei, nimmt sich mit stolz geschwellter Frackbrust die Freiheit heraus, ohne große Floskeln zum eigentlichen Thema seiner Dankesrede vorzudringen: Er spricht über das Geheimnis des Schreibens, aber er verschweigt auch das eine wie das andere Dilemma nicht: „Was die Literatur heute in erster Linie erzählen und erforschen sollte, das ist der

Menschheit grundsätzliches Problem, nämlich Minderwertigkeitsgefühle, die Furcht, ausgeschlossen und unbedeutend zu sein, verletzter Nationalstolz, Empfindlichkeiten, verschiedenste Arten von Groll und grundsätzlichem Argwohn, nicht enden wollende Erniedrigungsfantasien und damit einhergehend nationalistische Prahlerei und Überheblichkeit. Diese Fantasien, die meist auf irrationale und überschwängliche Weise ausgedrückt werden, verstehe ich nur allzu gut, sobald ich ins Dunkel meiner eigenen Seele blicke. In der außerwestlichen Welt, mit der ich mich ohne Weiteres identifizieren kann, können wir immer wieder beobachten, dass die Empfindlichkeiten von Menschenmassen und ganzen Völkergemeinschaften sich in Befürchtungen niederschlagen, die geradezu an Dummheit grenzen. In der westlichen Welt wiederum, mit der ich mich nicht weniger leicht identifiziere, führen Reichtum sowie der Stolz darauf, an der Wiege von Renaissance, Aufklärung und Moderne gestanden zu haben, bisweilen dazu, dass man sich mit ähnlicher Einfalt viel zu viel auf sich einbildet."

Das klingt nach Korrekturen. Danach, als gehörte der Litanei vom Clash of Cultures, aber auch dem Gesäusel vom postmodernen Stil etwas entgegengesetzt: analytische Klarheit, Empathie und Ehrlichkeit. Wer am Bosporus lebt, wo sich der Okzident und der Orient geografisch gegenüberliegen, kann seinen Blick leichter für das west-östliche Wechselspiel schärfen. Man hat es dort ständig vor Augen. Orhan Pamuks Arbeitszimmer liegt in Cihangir, einem schicken Wohnviertel auf der europäischen Bosporusseite mit universalem mediterranem Edelflair. Drüben, verblüffend nah auf der anderen Uferseite, liegt Asien. Die Millionenstadt ist dort tief und hässlich ins Hinterland hineingewuchert und ganz anders, nämlich ziemlich anatolisch. Die Metropole birgt in den Augen des Autors die ganze Türkei. Er schöpft aus diesem Reich der Schnittmengen. Sein vielschichtiger Stil, seine diffe renzierte Sicht, seine klischeezersetzenden Stellungnahmen sind hier herangereift. Er schöpft, und er ordnet auch. In seinem Erinnerungsbuch *Istanbul* bändigt er das Chaos seiner Stadt. Orhan Pamuk legt verschiedene Fäden aus: private, gesellschaftspolitische, historische, psychologisierende, um sie geduldig zu einem Strang zu bündeln. Zunächst erzählt er von seiner Kindheit im gesättigten Wohlstand. Geboren am 7. Juni 1952, wuchs er im vornehmen Viertel Nişantası auf. Der Großvater hatte beim Aufbau der Republik ein Vermögen gemacht, und die nachfolgenden Generationen konnten es sich leisten, davon zu zehren. Doch bald weitet der Autor in seinem Istanbul-Buch die Perspektive: Er beschreibt das Leben des westlichen, durch und durch säkularisierten Bürgertums, das sein spirituelles Vakuum ignoriert. Er schildert das Gespensterdasein in den vom Verfall gezeichneten Villen am Bosporus, in die sich die entmachtete osmanische Oberschicht zurückgezogen hat. Und er verschweigt auch nicht die Verachtung, mit der das alte osmanisch-orientalische und das neue republikanisch-westliche Establishment die ungebildeten, hungrigen Zuwanderer aus Anatolien empfängt. Man begreift: Die Stadt wächst und zerfällt zugleich.

Das Talent, die komplizierte Seele der Metropole mit literarischem Gespür auszuloten, hat Orhan Pamuk erst mit den Jahren entfaltet. Zunächst war auch er von der westlich-europäischen Hemisphäre Istanbuls geprägt. Orhan Pamuks Vater, der Ingenieurwissenschaften studiert hatte, sich aber zum Poeten, nicht zum Unternehmer berufen fühlte, führte seinen Sohn an die Romanlektüre heran. Der Vater liebte die Literatur. Nach seinem Tod fand man die unveröffentlichten Manuskripte in einem Koffer. Auch davon berichtet der berühmteste zeitgenössische Autor der Türkei in Stockholm. So wie andere Väter in der Türkei ihren Söhnen von den Paschas, den osmanischen Generälen, erzählten, so erzählte Pamuks Vater seinem Sohn von Literaten. Er gab dem Jungen, der eine amerikanische Privatschule besuchte, Geld für den Kauf von Büchern. Da war viel Westliches darunter. Rückblickend sagt Orhan Pamuk: „Ich baute mir eine eigene Bibliothek. Das war einer meiner türkischen Instinkte." Tolstoi, Balzac, Stendhal, Thomas Mann – diese Schriftsteller seien damals seine Helden gewesen. Viel später erst begann er, sich mit orientalischen Werken zu befassen: mit islamischen, mit persischen, arabischen und osmanisch-höfischen Schriften. Er entdeckte Rumi und Nizami. Die Texte habe er auf eine säkulare Weise gelesen – „mit Jorge Luis Borges' Hilfe, der mich lehrte, all diese Werke als klassische Literatur zu begreifen". Bezeichnenderweise begann er damit in der Fremde, ausgerechnet in New York. Dort lebte er von 1985 bis 1988 – und fühlte sich schon ziemlich bald zurückgeworfen auf sich selbst. In dieser Begegnung mit dem fremden Anderen fühlte er, wie wichtig die Auseinandersetzung mit dem Eigenen ist. Und so begann die Zeit der literarischen Erkundung, der Selbstentdeckung und Grenzerweiterung. Damals entstand *Das schwarze Buch* – eine sich seltsam sogartig entwickelnde Geschichte des Istanbuler Anwalts Galip, der seine spurlos verschwundene Frau und seinen ebenfalls verschollenen Cousin, einen Zeitungskolumnisten, sucht. Der Leser begreift auf den verschlungenen Pfaden dieses Plots, dass der Weg das Ziel ist: nämlich die Bekanntschaft mit den Bildern, Anekdoten, Geschichten dieser mystischen Stadt. In dem kriminalistisch angehauchten Roman experimentiert Orhan Pamuk bereits mit seiner Collagentechnik. Er greift tief hinein in den Fundus orientalischer Geschichten und rückt sie in einen zeitgenössischen Kontext.

So können auch westliche Leser, wenn sie Orhan Pamuks Bücher lesen, ein wenig sich selbst begegnen – und zugleich dem Fremden, dem Unvertrauten. Das ist der Grund, weshalb der Schriftsteller so gerne als Brückenbauer gerühmt wird. Durch ihn hat die Türkei für viele im Westen ein konkretes Gesicht bekommen. Bis auf zwei frühe Romane ist inzwischen sein gesamtes Werk ins Deutsche übersetzt. Weltweit wird der Autor in rund vierzig Sprachen gelesen. Aber auch wenn sich diese Annahme außerhalb der Türkei noch immer allzu rasch aufdrängt: Der Schriftsteller Orhan Pamuk ist in seinem Land nicht allein auf weiter Flur. Im Gegenteil: Wer tiefer eindringt in die türkische Literatur, erkennt, dass auch er eingebettet ist in ein Umfeld, in einen steten Prozess des Austauschs und der Inspiration – und wenn man so will: in das große Projekt der Vergangenheitserkundung. Der türkische Literaturbetrieb ist keine One-Man-Show – und er ist es auch früher nie gewesen. Lange hat man dies in Deutschland gar nicht zur Kenntnis genommen. Unter türkischer Literatur verstand man in erster Linie Yaşar Kemal und dann allenfalls noch Nazım Hikmet. Von diesen beiden Autoren ist viel ins Deutsche übersetzt worden, vor allem von Yaşar Kemal. Der Grandseigneur der modernen türkischen Literatur wurde in der deutschen Öffentlichkeit dennoch vergleichsweise spät wahrgenommen: 1997 erhielt er mit 74 Jahren den Friedenspreis des Deutschen Buchhandels – als erster Türke. Der kommunistische Dichter Nazım Hikmet genoss insbesondere in der frühen DDR hohes Ansehen. Er gilt bis heute als der wichtigste Poet der modernen Türkei. Dort freilich war seine Lyrik über Jahrzehnte hinweg verboten. Er starb 1963 ausgebürgert und fern der Heimat im Moskauer Exil. In der Türkei hatte er mehr Zeit im Gefängnis als in Freiheit verbracht. Heute dürfen die Gedichte des Ausgebürgerten in der Türkei wieder gelesen werden. Sie finden sich in jeder besseren Buchhandlung.

Yaşar Kemal, Nazım Hikmet, Orhan Pamuk – und viele andere mehr: In Deutschland weitet sich der Blick auf die türkische Literatur. Übersetzungsprojekte werden vorangetrieben, beispielsweise seit 2005 auch mit Fördergeldern der Robert-Bosch-Stiftung, die beim Züricher Unionsverlag die auf zwanzig Bände angelegte „Türkische Bibliothek" initiiert hat. Auch andere Verlage tasten sich an das quirlige Literaturleben des Landes heran. Die literarische Palette ist beeindruckend bunt, und sie hat in ihrer Vielfalt durchaus etwas Verstörendes. Es gibt die einschlägigen Genres: Es gibt anspruchsvolle Literatur vom historisch eingebetteten Familienroman, der zum großen gesellschaftlichen Sittengemälde ausholt, bis hin zur fein ziselierten psychologisierenden Innensichtsbeschreibung, die das Individuelle in den Vordergrund rückt. Es gibt ambitionierte und auch triviale Unterhaltungsbelletristik, Autobiografisches, Krimis, Science-Fiction, Fantasy. Der Buchmark der Türkei hat endgültig Anschluss an die globalen Trends gefunden. Zwar beherrschen Lehrbücher und akademische Publikationen die Veröffentlichungsstatistik. Aber ein wachsendes Segment gehört inzwischen der Belletristik. Derzeit liegt ihr Anteil bei knapp über zwanzig Prozent der Veröffentlichungen. Die voranschreitende Diversifizierung der türkischen Gesellschaft schlägt sich auch auf dem Buchmarkt nieder. Für das muslimische Bürgertum gibt es islamische Literatur und Erbauungslektüre. Und auch rechts-nationalistisch gesinnte Kreise werden reichlich bedient: mit vermeintlichen Sachbüchern, in denen sich die Autoren anti-semitisch, anti-westlich, anti-demokratisch verbreiten – so wie in der Vorwahlzeit 2007 der ultranationalistische Autor Ergün Poyraz, der in seinem prompt zum Bestseller avancierten Pamphletbuch *Die Kinder des Moses* behauptet, Ministerpräsident Erdoğan und seine Frau seien in Wirklichkeit Juden und wollten die laizistische Türkei schwächen. Zwei Jahre davor hielt sich auch Hitlers *Mein Kampf* eine ganze Weile auf den türkischen Bestsellerlisten.

Die Zahlen deuten auf Wachstum. Im Jahr werden inzwischen etwa 32 000 Titel (2006) produziert, darunter sind um die 6000 Neuerscheinungen. In vielen Fällen geht die Erstauflage nicht weit über 2000 Exemplare hinaus, aber manche Autorennamen sind längst zu einer Art Synonym für den Verkaufserfolg geworden und werden 10 000- und sogar 100 000-

fach aufgelegt: allen voran Orhan Pamuk, aber auch Ahmet Altan, der souveräne Altmeister der türkischen Literatur, Buket Uzuner, eine ebenso ambitionierte wie populäre Autorin für Unterhaltungsbelletristik, und auch Ahmet Ümit, der beliebte Krimischriftsteller. Ihre Neuerscheinungen werden wie anderswo auch nach den weltweit gültigen Gesetzen des Marketings beworben, und wie in anderen Buchgeschäften dieser Welt sind die Bestseller im Eingangsbereich zu eindrucksvollen Türmen aufgestapelt. Auch die Zahl der Verlage wächst. Nach offiziellen Angaben von 2006 gibt es knapp 1800. Viele sind klein und schlecht ausgestattet. Zusammen setzen sie mit ihrer Buchproduktion um die 300 Millionen Euro jährlich um – und auch hier weisen die Zahlen seit einigen Jahren in der Tendenz nach oben. Ein paar ambitionierte Verlage sind im regen Austausch mit westlichen Verlagshäusern. Wer in der Türkei junge deutsche Literaten lesen möchte, wird fündig: Judith Hermann, Juli Zeh, Bodo Kirchhoff, Thomas Brussig und andere mehr liegen in Übersetzung vor.

Ziemlich wenig erinnert heute an die frühen achtziger Jahre, als türkische Buchläden trostlosen, verlassenen Orten glichen. Nach dem Putsch 1980 war das geistige Leben wie abgetötet. Lücken klafften im Sortiment. Das meiste war damals nicht veröffentlicht, nicht übersetzt oder schlicht verboten. Das Verlagsgeschäft war eingebrochen. Die Branche hat sich heute sichtlich erholt. Die Buchläden, die man vor allem in Großstädten findet, quellen über, und die Messen florieren. In Istanbul werden inzwischen sogar zweimal im Jahr die Stände aufgebaut. Man trifft dort auffällig viel junges Publikum, das neugierig auf die Literatur seines Landes ist. Auch in den Buchläden fallen einem die vielen jungen Kunden auf, die sich mit der nicht eben billigen Lektüre eindecken. Konsum und Freiheit, Konsum in Freiheit – für die türkische Jugend von heute ist dieser Zweiklang selbstverständlich. Einige erinnern sich freilich noch an die grauen Vorzeiten. Sie erzählen ihre

Erinnerungen wie Anekdoten und lachen dabei: Etwa darüber, wie die Eltern immer dann die verbotenen Lyrikbände von Nazım Hikmet versteckt haben, wenn mal wieder ein hochrangiger Militärangehöriger privat zu Besuch kam. Doch wer weiß es schon wirklich? Vielleicht hatte ja auch er diese Bände heimlich irgendwo zu Hause stehen?

Es ist also auch in der Türkei heute gar nicht mehr so einfach, die Flut der Neuerscheinungen zu überblicken. Ein Besuch bei Doğan Hızlan, dem Literaturkritiker der auflagenstarken Tageszeitung *Hürriyet*, vermittelt davon ein Bild: Der wuchtige Schreibtisch, das Besuchersofa und der Teppichboden seines stattlichen Büros im Hürriyet-Media-Tower weit außerhalb des Istanbuler Zentrums liegen unter aufgestapelten Neuerscheinungen begraben. Der einflussreiche Journalist rezensiert seit Jahrzehnten, er schreibt Bücher über Literatur, und er spricht auch gerne über sie. Mit ein paar gedanklichen Handgriffen sortiert er die Fülle. Die historische Perspektive, aber auch fantastische und kriminalistische Themen – das sind in seinen Augen die Schwerpunkte in der aktuellen türkischen Belletristik. Seit ein paar Jahren stellt er zudem noch einen weiteren wichtigen Trend auf dem Buchmarkt fest: Zunehmend erscheinen Erinnerungsbücher, die Familiengeschichten oder Lebensläufe erzählen. Solche Bücher sind im Stil zunächst dokumentarisch und nicht wirklich literarisch. Sie berichten von Politikern, Unternehmensgründern und Künstlern, von Einwanderern und Minderheiten. Und allesamt rücken sie dabei den Menschen in den Mittelpunkt, nicht die Kriege und die große Politik. Das ist neu. Doğan Hızlan spricht von einem „inoffiziellen Blick" auf die Vergangenheit.

Es ist kein Zufall, dass sich erste Anzeichen für diesen inoffiziellen Blick in den Jahren nach dem Putsch 1980 erkennen ließen. In dieser Zeit begannen vor allem Frauen und Angehörige von Minderheiten ihre Geschichten zu erzählen. Sie setzten der staatlichen Sicht der Geschichte ihre individuelle Sicht entgegen. Rückblickend wird deutlich, als wie folgenreich, ja geradezu subversiv sich dieser scheinbar harmlos-private Zugriff auf den Stoff schon bald erweisen sollte. Es zeigt sich längst, dass die autobiografische Erinnerung den kollektiven Erinnerungsmythos nicht nur ergänzt, sondern oft genug konterkariert.

Die Vielfalt, die spürbaren Spannungen und auch Widersprüche der Sichtweisen scheinen neugierig zu machen. Sie haben offenbar etwas Inspirierendes. Die Leser interessieren sich für historische Bücher – sie wollen mehr wissen über die osmanische Vorgeschichte, über die Blütezeit, aber auch über die Umstände des Untergangs des Vielvölkerreiches, über den noch immer unverarbeiteten, unaussprechbaren Bedeutungsverlust, über die Tragödien von einst und den bis heute spürbaren Schmerz. Auch die Literaten haben begonnen, diesen thematischen Trend voranzutreiben. Es fällt auf, wie beharrlich sie inzwischen die Erinnerungen ausloten. Sie gehen auf Zeitreise und gleichen ihre Fundstücke mit der offiziellen Überlieferung ab. Der Beginn dieser literarischen Zeitreise lässt sich bis in die neunziger Jahre zurückverfolgen. Man kann darüber diskutieren, ob diese Entwicklung von Orhan Pamuk ausgelöst worden ist. Auf jeden Fall zählt er aber auf diesem Feld zu den Pionieren, und er hat vor allem sehr hohe Maßstäbe gesetzt. Längst freilich gräbt auf diesem Feld jeder auf seine Weise. So lässt Nedim Gürsel seinen Helden in *Der Eroberer* in das Istanbul zu Zeiten des Sultans Mehmed II. eintauchen. Ahmet Altan, einer der auflagenstarken Schriftsteller, hat 2001 den Roman *İsyan Günlerinde Aşk* („Liebe in Zeiten der Rebellion") veröffentlicht, in dem es um die letzten wechselhaften Jahre des Osmanischen Reichs vor dessen Untergang geht. Ihsan Oktay Anar hat mit seiner postmodernen, sprachlich aber heftig osmanisierenden Literatur bei den jungen städtischen Lesern geradezu Kultstatus erreicht: In *Der Atlas unsichtbarer Kontinente* schildert er das multiethnische

Konstantinopel des 17. Jahrhunderts und fantastische Traumwelten. Der Lyriker Murathan Mungan erzählt in *Paranın Cinleri* („Dämonen des Geldes") in poetischen Miniaturen von seinen Kindheitserinnerungen an die südostanatolische Stadt Mardin. Die Geschichte der uralten Siedlung ist wechselhaft – mit einer Konstanten: der Vielfalt der Kulturen, Sprachen und Religionen. Mungan wuchs auf im Miteinander von Muslimen, Aramäern, syrisch-orthodoxen Christen, Jesiden. Damals schon, erinnert er sich, habe er eine Art Gefühl für Demokratie im ganz einfachen Sinne erworben. Er habe von klein auf die Bedeutung von Vielfalt, Unterschieden und Toleranz gelernt.

Die Liste dieser Beispiele lässt sich ständig verlängern. Auch die Unterhaltungsliteratur greift den Trend auf: Buket Uzuner etwa führt ihre Protagonisten in dem Roman *Uzun Beyaz Bulut – Gelibolu* („Große, weiße Wolke – Gallipoli") auf das blutgetränkte Schlachtfeld der Dardanellen, dorthin, wo im Ersten Weltkrieg 1915/16 ein erfolgreicher, aber verlustreicher Abwehrkampf gegen die westlichen Alliierten bestanden wurde – und somit mitten hinein in die schmerzhafte Auseinandersetzung mit der Verlustgeschichte. Sogar in Krimis gerät die Spurensuche zur Reise in die Vergangenheit. In *Kavim* („Volksstamm") zeigt Ahmet Ümit, wie spannend das sein kann: Der Plot des Krimis rankt sich um die Kultur der syrisch-orthodoxen Christen. Es geht wie nebenbei um das Erbe der Hethiter, Byzantiner und Osmanen. Diese Vielfalt, meint er, sei keine Bedrohung, sondern eine Chance. „Die Europäer haben uns gegenüber Vorurteile", sagt er trotz aller seiner Hoffnungen mit leiser Skepsis, „aber vielleicht haben wir uns selbst gegenüber das größte Vorurteil."

Sachbücher ergänzen diese Form der Auseinandersetzung. Der bekannte Publizist Can Dündar erzählt große türkische Liebesgeschichten des 20. Jahrhunderts – und gleichzeitig wie nebenbei von Persönlichkeiten, über die man in der Schule wenig lernt, angefangen bei dem Jungtürken Enver Pascha. Die Journalistin Ipek Calışlar brachte eine ausführliche Biografie der sonst meist nur in Nebensätzen erwähnten Atatürk-Ehefrau Latife heraus – mit einem derartigen Erfolg, dass sie auch noch eine Kurzversion des Wälzers verfasste. Historische Bücher halten sich oft monatelang ganz oben auf den Bestsellerlisten.

Ob nun auf literarisch-künstlerische, dokumentarische, essayistische oder unterhaltsame Weise: Stets rückt dem Leser die Vergangenheit anders als im Schulbuch nahe. Sie ist komplexer, individueller, widersprüchlicher. Schon gar nicht beginnt sie mit der Stunde Null der Befreiungskriege. Und noch eines fällt auf: Es ist die dritte Generation der modernen türkischen Republik, die sich hier ans Erzählen macht. Die Autoren sind – wie Orhan Pamuk – in den fünfziger Jahren geboren. Und die auf sie folgenden Generationen erweitern auf ihre Weise den Trend. Mit diesen Autoren hat ein neues Kapitel in der türkischen Literaturgeschichte begonnen. Elif Shafak beispielsweise, geboren 1971 und längst eine der erfolgreichsten Nachwuchsautorinnen, kümmert sich bewusst nicht um die republikanische Romantradition: „Die türkischen Autoren, die diese Verpflichtung verinnerlicht hatten, schrieben nicht frei, nicht aus dem Chaos heraus und schöpferisch, ließen sich nicht von der Gefühlswelt inspirieren, sondern folgten einer ideologisch untermauerten, vermeintlichen Vernunft, setzten auf Belehrung und Nüchternheit. Sie waren bemüht, eine neue Welt nach eigenen Vorstellungen zu schaffen und in der Gesellschaft zu etablieren." Auch für diese Autorin ist Freiheit die Voraussetzung für Kreativität. Sie mischt nach eigenem Gusto die Themen: Sie pflegt die weibliche Sicht, aber sie greift auch ins einschlägige Themenreservoir der Konservativen und befasst sich mit Religion und Mystik. Ihr unkonventioneller Zugriff schlägt sich auch sprachlich nieder. In ihren Büchern gräbt sie verstaubte, längst vergessene, oft auch absichtlich verdrängte osmanische Begriffe wieder aus. Es handelt sich auch um jene Wörter, die von der „Gesellschaft zur Erforschung der türkischen Sprache" (später: „Gesellschaft für türkische Sprache") durch das sogenannte Öztürkçe ersetzt worden sind: die von arabischen und persischen Einflüssen bereinigte Sprache der modernen Republik.

Das vorherrschende Genre jener republikanischen Anfangszeiten war der Roman auf der Linie des gesellschaftlichen Realismus. Auch seine Themen ergaben sich dementsprechend aus der Wirklichkeit: Verhandelt wurden der Befreiungskrieg und der allgemeine Wandel im Zuge der Staatsgründung. Schriftsteller wie Ruşen Eşref Ünaydın (1892–1959), Yakup Kadri Karaosmanoğlu (1889–1974) und Falih Rıfkı Atay (1894–1971) waren nicht nur Repräsentanten der kemalistischen Literatur, sie standen sogar im Dienst der Regierung: Karaosmanoğlu etwa war Parlamentsabgeordneter der ersten Stunde. Später ging er als Botschafter nach Tirana, Prag, Lahore, Bern und Teheran. Sein Roman *Der Fremdling* von 1932 gilt als nationales Werk. Darin erzählt er von Menschen, die sich nach dem Krieg in einer kargen, mitleidlosen Ödnis behaupten müssen. Autoren dagegen, die auf Distanz zum straffen Kemalismus gingen oder andere politische Ziele verfolgten, bekamen Schwierigkeiten. Halide Edip Adıvar (1884–1964), die als erste Schriftstellerin der modernen Türkei gilt, hatte aktiv am Unabhängigkeitskrieg teilgenommen – sie thematisiert die Umbruchzeit in dem Roman *Das Flammenhemd* von 1923. Im selben Jahr ging sie ins Ausland und kehrte erst nach Atatürks Tod 1938 zurück.

Die Auseinandersetzung mit der Gegenwart sollte in der jungen Türkei auch weiterhin die Literatur beherrschen. In den fünfziger Jahren kam der sogenannte Dorfroman hinzu. Kein anderer Autor vertrat dieses Genre so kunstvoll wie Yaşar Kemal: Im Stil der alten, einst mündlich tradierten Epen erzählt er vom Leben der Landmenschen, vom Einzug der Modernisierung, von den sich daraus ergebenden Widersprüchen und Ungerechtigkeiten. Er gibt all jenen Menschen eine Würde, die angesichts der voranschreitenden Verwestlichung ihres Landes abgehängt wurden. Elia Kazan beschrieb Yaşar Kemal und sein Werk mit folgenden Worten: „Er ist ein Erzähler in der ältesten Tradition, in der Tradition Homers, ein Sprecher für ein Volk, das keine Stimme hatte. Kemal wendet sich an die Welt, als ob die ganze Menschheit sich um sein Lagerfeuer drängte, auf der Suche nach Wärme und Zuversicht." Mit seinem Roman *Memed mein Falke* avancierte Yaşar Kemal 1955 schlagartig zum meistgelesenen Schriftsteller der Türkei. Zwei weitere Memed-Bände folgten. In den sechziger und siebziger Jahren standen dann gesellschaftliche und politische Fragen im Mittelpunkt der Literatur. Mit zunehmender Landflucht „verstädtern" die Themen, und das Leben auf dem Land verlor als Sujet an Bedeutung.

Heute schließt sich auf unerwartete Weise so mancher Kreis. Er scheint die alte und die junge Generation zusammenzuführen, und etwas Neues entsteht. Literarisch war es ein besonderes Jahr, in dem der Dichter Murathan Mungan geboren wurde: 1955 erschien *Memed mein Falke*. Und wie Yaşar Kemal greift auch Murathan Mungan auf die Epen seiner Kindheit, auf die anatolischen Mythen und Heldensagen zurück. Auch er schöpft aus diesem Geschichtenschatz, doch er macht es auf seine Weise: Geboren und aufgewachsen in der Metropole Istanbul, Großstädter durch und durch, gestaltet er die alten Stoffe auf moderne Art. Seine Helden sind Individuen, sie horchen in sich hinein, reflektieren ihre Ängste, empfinden Liebe oder auch Hass, stoßen an die Grenzen der Normen oder auch ihrer eigenen Möglichkeiten, und das alles im vertrauten Kontext der Überlieferung. Diese typisch Mungan'sche Herangehensweise zeigt sich beispielhaft in dem Erzählband *Palast des Ostens*. Eine der insgesamt fünf Paargeschichten in diesem Buch erzählt von zwei 15-jährigen Freunden, die ein

archaischer Initiationsritus erst zu Gegnern, dann zu Männern
machen soll, eine andere von Feinden, die Vater und Sohn sein
könnten. Sie verbeißen sich in einen blutigen Kampf um die
Dominanz. Mungan resümiert lakonisch die Eskalation: „Wer
durch Gewalt lernt, kennt keine Grenze. Wer einmal den
Kampf gewonnen hat, treibt die Gewalt immer weiter voran."
Der Dichter hat längst ein eindrucksvoll vielfältiges Werk geschaffen: Gedichte vor allem, aber auch Romane, Geschichten,
Theaterstücke und Hörspiele zählen dazu, sogar Songtexte.
Murathan Mungan jongliert mit den Talenten. Er scheut das
Triviale so wenig, wie er die Tiefgründigkeit nicht fürchtet. Er
bedient die Sehnsucht nach den alten Geschichten. Aber er er-
neuert sie für die Menschen dieser Zeit.

Die türkischen Schriftsteller tragen das Ihre dazu bei, dass
individuelle Sichtweisen auf das Geschehen und auf die Welt
der Gefühle sich ausdifferenzieren und vertiefen. Der allgemeine Diskussionsrahmen wird dadurch beständig erweitert,
die Vorstellungskraft inspiriert. Auch wenn sich die Literaten
– wie beispielsweise Orhan Pamuk – noch so dezidiert dem
Schöngeistigen verschrieben haben, kommen sie doch immer
wieder mit der Politik in Berührung, und oft genug werden sie
auch in diese Richtung gedrängt. Die Zahl der Buchverbote
durch Zensur ist rückläufig, aber die Prozesse gegen Verleger,
Autoren und Buchtitel haben zugenommen. Ein Schriftsteller
zu sein, schrieb Elif Shafak im Januar 2006 im Ton unüberhör-
barer Gereiztheit in der *Turkish Daily News*, bedeute in der
Türkei vor allem, eine öffentliche Figur zu sein. Es bedeute,
sich an Verleumdungen anstelle eines Feedbacks zu gewöhnen und auch an den Hass, den einem fremde Menschen ent-
gegenbringen, falls man sich überhaupt jemals an so etwas gewöhnen könne. Und es bedeute auch, von einer politischen
und kulturellen Elite umgeben zu sein, die einen Autor lieber
mit gesenktem Kopf und Blick sähe. Schriftsteller, die ihr Land
in einem westlichen Presseorgan kritisierten, würden als Ver-

räter eingestuft. Die Autorin beschreibt jenen reflexartigen türkischen Abwehrmechanismus, den auch Orhan Pamuk reichlich zu spüren bekommen hat. Aber auch in Zeiten größter Nervosität bemühte er sich, die allgemeinen Dramatisierungen zu beschwichtigen. Auf die Frage des deutschen Nachrichtenmagazins *Der Spiegel*, ob es denn nicht eine Art Ehre für einen türkischen Autor sei, einmal im Gefängnis gewesen zu sein, konterte Orhan Pamuk mit der Gegenfrage: „Wäre es nicht eine viel größere Ehre, der erste türkische Autor zu sein, der nie dort war? Ist es nicht viel besser? Besser für die Türkei und besser für den Autor?"

2.

Fethiye Çetins armenische Großmutter

Die Auseinandersetzung mit der Tabugeschichte von 1915 hat begonnen

Seher hatte sechzig Jahre lang geschwiegen. Sie hatte niemandem erzählt, dass sie in einem früheren Leben einen anderen Namen getragen und eine andere Familie gehabt hatte, dass sie mit einer anderen Muttersprache und einer anderen Religion aufgewachsen war. Sechzig Jahre lang hatte sie die Namen ihrer leiblichen Eltern im tiefsten Inneren verwahrt, ohne einen der beiden jemals wiederzusehen. Dann brach sie das Schweigen. Deshalb kennen wir heute die Geschichte von Seher, die im Februar 2000 im stolzen Alter von 95 Jahren starb, zu früh, um selbst zu erfahren, wie diese Geschichte fortlebt. Seher, sagt ihre Enkelin Fethiye Çetin, sei zu einem Symbol geworden: für viele andere Menschen in der Türkei, die so lange nicht über die eigene Herkunft reden konnten, weil sie wie Seher vor 1915 geboren wurden – als Armenier. Keiner weiß, wie viele Menschen armenischer Abstammung damals in Kleinasien überlebt haben, weil sie muslimisiert und türkisiert wurden. Historiker meinen, es könnten Zehntausende gewesen sein.

1975, sechzig Jahre nach jener Zeit, die alles verändert hatte, rief Seher ihre Enkelin Fethiye zu sich und ergriff das Wort. „Wenn du nichts zu tun hast, komm zu mir. Ich werde dir etwas sagen. Weißt du, dass meine Mutter, mein Vater und meine Geschwister in Amerika sind? Suche sie für mich!" Und dann, Satz für Satz, sprach sie das Unaussprechliche aus: „Mein Name war Heranus. Isguhi war meine Mutter, Hovannes mein Vater." Mit stockender Stimme berichtete sie, wie im Frühling 1915 osmanische Gendarmen in ihr ostanatolisches Dorf kamen, wie sie die Männer mitnahmen und wie diese dann mit durchgeschnittenen Kehlen im Fluss trieben, der sich blutrot verfärbte. Sie erzählte, wie die Frauen und Kinder auf den Todesmarsch getrieben wurden, wie man die Sterbenden am Wegrand zurücklassen musste und wie Großmütter ihre eigenen Enkelkinder ertränkten, um ihnen weitere Qualen zu ersparen.

Fethiye Çetin hat diese Geschichte erst viele Jahre später aufgeschrieben, da war sie selbst schon über fünfzig Jahre alt und längst gestandene Anwältin mit eigener Kanzlei in Istanbul. Ihr Stil ist klar und eindringlich, er kommt ohne Kommentare aus. Die zupackende Frau mit dem warmen, mütterlichen Lachen ist nicht der Typ, der belehrend den Finger hebt. Ihr Buch *Anneannem* („Meine Großmutter") ist Ende 2004 in der Türkei erschienen und hat sich in zwei Jahren über 20 000 Mal verkauft. Das ist in einem Land, in dem Erstauflagen von 2000 Exemplaren üblich sind, ein beachtlicher Erfolg – und mehr als das: Es ist eine verblüffende, ermutigende Sensation in einem Staat, der seinen Gründungsmythos ohne große Erwähnung dieser tragischen Vorgeschichte und ihrer Opfer kultiviert. In dieser Geschichte aber geht es um das Leid, das Menschen angetan wurde, und darum, wie sie dennoch weitergelebt haben mit der traumatisierenden Erfahrung. Inzwischen hat das Buch fast schon Schule gemacht. Auch andere Autoren graben verschüttete Lebensberichte aus.

Dabei kommen Helden des Alltags zum Vorschein, von denen bisher keiner etwas geahnt hat. Wie konnte etwa aus dem neunjährigen Mädchen Heranus, das seinem gewaltsamen Tod bereits ins Auge gesehen hatte, die großherzige Seher werden, eine Frau ohne Verbitterung, ohne Wut- und Hassgefühle? Fethiye Çetin, die ihre Großmutter so beschreibt, weiß auf diese Frage keine Antwort. Sie kann aber berichten, wie Heranus mit dem nackten Leben davonkam: Ein osmanischer Gefreiter entriss sie ihrer Mutter. Er zog sie auf und nannte sie Seher, Morgenröte. Dass auch die Mutter überlebt hatte und dass der Vater, der bereits 1910 zum Geldverdienen nach Amerika gegangen war, seine Frau schließlich in Syrien fand, 1928, nach langer Suche – das alles erfuhr Seher erst viel später. Irgendwann spürten die Eltern auch ihre Tochter in deren neuem Dorf bei Elazığ in Südostanatolien auf. Zu einem Treffen kam es jedoch nie: Die türkischen Familienangehörigen von Seher wollten das nicht. Man überließ ihr nicht einmal den eigenen Pass. Sie selbst wusste sich nicht zu helfen. Es blieb ihr nichts anderes übrig, als mit diesem Ohnmachtsgefühl zu leben.

Für die meisten Leser in der Türkei sind das auch heute noch verstörende Berichte. In der Schule haben sie gelernt, dass ihre Nation aus dem ruhmreichen Befreiungskrieg hervorgegangen ist. Die Grundformel in diesem Staat lautet: „Glücklich, wer sagt, ich bin ein Türke." Minderheiten kommen in dem Satz nicht vor. Fethiye Çetin kann sich gut erinnern, wie sie selbst damals, 1975, als 25-Jährige auf den Bericht ihrer Großmutter reagierte: ungläubig, fassungslos, wie durchgeschüttelt, mit körperlichen Schmerzen und Schlaflosigkeit. Sie wagte es nicht, sich anderen anzuvertrauen. Jahrelang schleppte sie ihr sperriges Wissen mit sich herum. Es arbeitete in ihr, auch in der Zeit, die sie nach dem Militärputsch 1980 im Gefängnis verbrachte. Man hatte sie wegen ihres Engagements in der radikalen Linken jahrelang inhaftiert und auch gefoltert. Heute sagt die Rechtsanwältin: „Ich bin meiner Großmutter dankbar. Sie hat meine Ansichten verändert und meinen Blick für die Vielfalt der Türkei geöffnet."

Man könnte fast meinen, einmal angestoßen sei dieser Lernprozess zwangsläufig gewesen. Er hat freilich Kraft und Mut gekostet und viel Zeit, fast drei Jahrzehnte. Fethiye Çetins Entdeckungsgeschichte, insbesondere die dabei zu überwindenden Hemmnisse und Widerstände, sagen einiges darüber aus, wie schwierig in der Türkei die Auseinandersetzung mit einem Thema ist, das es jahrzehntelang offiziell gar nicht gegeben hat. Auch die Juristin wusste lange Zeit nichts davon, schon gar nicht damals, als sie sich in den siebziger Jahren in der radikalen Linken engagierte, wo man sich für alle möglichen Ungerechtigkeiten interessierte, nur nicht für das große Unrecht von 1915. Die Vergangenheit war kein Sujet der Selbstkritik. Auch die Linke berief sich auf den Befreiungskrieg. Sie betonte das Anti-Imperialistische an ihm – so wie die Kemalisten das Türkische und die Ultra-Rechten das Nationalistische betonten. Dieser Erklärungsmuster bedienen sich viele im politischen Establishment bis heute.

Und doch mehren sich Anzeichen aufbrechender Zweifel, dumpfer Ahnungen, ängstlicher Wissbegier. Fethiye Çetins Erfolg zeigt das. Noch in den neunziger Jahren hatte die Anwältin keinen Ghostwriter gefunden, der das Buch für sie hätte schreiben wollen. Und als sie schließlich notgedrungen selbst zu schreiben begann, bekam sie keine Ermutigungen zu hören. Doch seitdem das Buch erschienen ist, gibt es viel Lob. Die Medien haben positiv berichtet. Damit habe sie nicht gerechnet, sagt Fethiye Çetin. Nicht ein einziges Mal sei die Geschichte kritisiert worden. Rückblickend lässt sich der atmosphärische Wandel leichter erklären. Eine Gesellschaft, die sich ökonomisch und auch politisch auf Öffnung einstellt, lässt sich nicht mehr alle Gedanken vorschreiben. Neue Informationen und vor allem Empfindungen machen sich breit. Das Schicksal der Großmutter geht den Menschen nahe, und genau diese Anteilnahme verhindert die antrainierte, reflexartige Abwehrreaktion, die so viele Jahrzehnte die Herzen verhärtet hat.

Solche Lebensberichte funktionieren wie ein Lackmustest. Wie viel Wahrheit hält die Gesellschaft aus? Wer darf was über wen berichten? Wo verlaufen die Grenzen? Jede Geschichte ist ein Test für sich. Es ist das eine, was eine Türkin über die armenische Vergangenheit einer einfachen Anatolierin schreibt. Und es ist etwas ganz anderes, was ein armenischer Türke ausgerechnet über eine türkische Heldin schreibt, die vermutlich ebenfalls armenischer Abkunft war – so wie der Journalist Hrant Dink. Seine Geschichte handelt von Sabiha Gökçen, der ersten Kriegspilotin der Welt. Frauen wie sie sind der Stolz der türkischen Republik. Bereits in den dreißiger Jahren steuerte sie Bomber. Später gehörte Gökçen dem 1. Luftwaffenregiment in Eskişehir an. Alte Schwarz-Weiß-Fotos zeigen eine attraktive Amazone mit Fliegerbrille und Lederkappe in sportiver Kluft: die weibliche Inkarnation des Fortschritts. Radikaler hätte der Gegenentwurf zur unterdrückten Osmanin nicht ausfallen können. 2001 starb Sabiha Gökçen mit 88 Jahren, doch als Symbolfigur des neuen Staates ist sie unsterblich. Zudem war sie Atatürks Adoptivtochter, sein „Ehrenkind". Schon Schüler in der Türkei lernen, sie zu bewundern.

Seit Hrant Dinks Artikel lässt sich die Heldengeschichte der Himmelsreiterin allerdings nicht mehr so glatt erzählen. Daran hat auch die Ermordung des 52-jährigen armenisch-türkischen Intellektuellen durch einen jungen Nationalisten im Januar 2007 nichts geändert. 2004 veröffentlichte das armenische Wochenblatt *Agos* in Istanbul seinen Bericht, demzufolge die Pilotin Armenierin war: geboren 1913 in Bursa, verwaist 1915, im Jahr des Völkermords. Der Artikel, aus dem türkische Zeitungen sofort ausgiebig zitierten, löste einen Sturm der Empörung aus. Dink, der Gründer und Herausgeber von *Agos*, wurde scharf attackiert. Vor der Redaktion marschierten Demonstranten auf. Die Nationalisten schäumten, und in der Armee fühlte man sich düpiert. Das Büro des Generalstabschefs ließ im Fall Gökçen eine Rüge veröffentlichen: „Ein solches Symbol öffentlich ins Gerede zu bringen ist ein Verbrechen gegen die nationale Einheit und gegen den sozialen Frieden, gleichgültig, welche Absichten dahinterstecken."

… dass nicht sein kann, was nicht sein darf … Der Fall Gökçen ist nicht wirklich ausgestanden. Er taucht immer wieder auf: ein Mythos, der sich in eine Heimsuchung verwandelt hat, mit dem sich Hassgefühle und Rachefeldzüge nähren lassen. Ein halbes Jahr nach Dinks Ermordung, zu Beginn des Prozesses gegen den mutmaßlichen Täter und seine Hintermänner im Juli 2007, war wieder von Sabiha Gökçen die Rede. Es galt als nicht ausgeschlossen, dass sich der 17-jährige Hauptangeklagte auch von jenem *Agos*-Bericht hatte aufstacheln lassen. In dem Artikel, für den Dink entfernte Angehörige der Pilotin in Armenien interviewt hatte, bündeln sich die Ziele des Journalisten: den Menschen zuhören; sich herantasten an vergessenes, verdrängtes und verleugnetes Leid; gemeinsam lernen, die Wahrheit auszuhalten. Der Intellektuelle warb für Wandel durch Öffnung. Er klagte nicht an, sondern suchte mit Charme und Courage das Gespräch. Er fühlte sich seinem Land in staatsbürgerlich-patriotischer Loyalität verpflichtet, er glaubte an dessen Zukunft – trotz der Rückschläge, die er selbst erlebt hatte, trotz der Anklagen und Prozesse, mit denen ihn die Nationalisten terrorisierten, zuletzt auch trotz der Ängste um das eigene Leben, die ihn angesichts unzähliger Morddrohungen verfolgten.

Dieser neue Stil ließ Hrant Dink herausragen. Innerhalb weniger Jahre war er in der türkischen Öffentlichkeit zur bekanntesten armenischen Persönlichkeit avanciert – auch das war neu. Und es war gefährlich, am Ende sogar lebensgefährlich. Darauf wies der Dichter Murathan Mungan nach dem Mord in einem Essay hin: „Hrant Dink wurde ermordet, weil er zu einer gerechten und kraftvollen Stimme der zum Verstummen gebrachten, eingeschüchterten, unsichtbar gemachten armenischen Identität geworden war. Er hatte den engen Rahmen gesprengt, der für Armenier vorgezeichnet war. Man hielt ihn sogar für noch gefährlicher, weil er das alles – ohne sich dabei vom Chauvinismus, Fanatismus oder Rassismus verleiten zu lassen – mit einer Sprache und einer Ausdrucksweise tat, die den Frieden, die Brüderlichkeit und die Gleichheit nährte." Der türkisch-armenische Journalist, der sich ausdrücklich als türkischer Staatsbürger und nicht als Türke bezeichnete, ähnelte so gar nicht dem Feind, an den sich die Vergangenheitsverleugner in ihrer Vorstellung gewöhnt hatten. Er spielte das böse Spiel nicht mit. Im Gegenteil – er entlarvte es.

Hrant Dink, geboren 1954 in der ostanatolischen Stadt Malatya, war in einem Istanbuler Waisenhaus aufgewachsen. Er studierte Zoologie, war in den siebziger Jahren in der linken Szene politisch aktiv und kam später zum Schreiben. Die Wochenzeitung *Agos* gründete er 1996. Eines an dieser Zeitung ist von Anfang besonders gewesen: Anders als die beiden alten armenischen Zeitungen am Ort erscheint das Wochenblatt auf Türkisch und Armenisch. Dink verstand seine Zeitung als „Tür zwischen der türkischen und der armenischen Gemeinde". Auf keinen Fall, sagte er in einem Gespräch im Jahr vor seiner Ermordung, wolle er einen „closed shop", also eine abgeschottete Institution. Seit Dinks Tod hat *Agos* an Auflage hinzugewonnen – von 3500 auf etwa 9000 Exemplare. Die Homepage wurde ausgebaut, sie erscheint jetzt auch in englischer Übersetzung. „Es ist ein Zeichen der Hoffnung, dass *Agos* auch nach dem Mord weiterexistiert", sagt der Redakteur Markar Ecayan, der Besucher aus dem Ausland im unveränderten Arbeitszimmer von Hrant Dink empfängt. *Agos* gibt längst nicht mehr nur den Armeniern in der Türkei eine Stimme, sondern allen, die für die Überwindung nationalistischer Überzeugungen eintreten. Auch kritische türkische Intellektuelle unterstützen *Agos*.

Fortschritt und Rückschläge gehen Hand in Hand. Widersprüche in Zeiten des Wandels scheinen unvermeidlich zu sein. Manche lassen sich schwer verstehen. Wer nachfragt, bekommt auffällig oft zu hören: „Das ist eben die Türkei!" Es ist eben die Türkei, wenn man eine Lebensgeschichte wie *Meine*

Großmutter, Franz Werfels Roman *Die vierzig Tage des Musa Dagh* in türkischer Übersetzung oder auch das Sachbuch *Der Völkermord an den Armeniern* kaufen kann, zugleich aber der Schriftsteller Orhan Pamuk eine Anklage am Hals hatte, weil er lapidar feststellte: „Man hat hier 30000 Kurden umgebracht und eine Million Armenier. Und fast niemand redet darüber. Also tue ich es." Es ist eben die Türkei, dass Pamuk von wütenden Nationalisten vor Gericht gezerrt wurde. Und es ist eben auch die Türkei, dass das Verfahren gegen den berühmtesten zeitgenössischen Autor des Landes kurz vor dem zweiten Verhandlungstag Anfang 2006 mit einer reichlich formalen Begründung eingestellt wurde. Viele Türken hatten genau das erwartet. Sie haben die Spielregeln der Konfrontation verinnerlicht, sie wissen um die Gefahren, aber sie wissen auch, was Spektakel ist – ein Spektakel freilich, das jäh in blutigen Ernst umkippen kann.

Was für unversöhnliche Kräfte aufeinanderprallen, konnte man im September 2005 in Istanbul beobachten. An der privaten Bilgi-Universität trafen sich Experten zur Armenier-Konferenz. Es war die erste semi-öffentliche Auseinandersetzung in der Türkei mit der sogenannten armenischen Frage überhaupt. Der umständliche Kongresstitel lautete: „Die osmanischen Armenier während des Zerfalls des Imperiums: Wissenschaftliche Verantwortung und Probleme der Demokratie". Draußen versammelte sich eine Schar Demonstranten unter der roten Fahne mit dem Halbmond, um ihren Protest herauszuschreien und mit Eiern zu werfen, unter anderen auf Erdal İnönü, den Sohn des Atatürk-Gefährten und zweiten türkischen Präsidenten İsmet İnönü. Ihre Wut war groß. Denn auch mit einer Klage, die der ultranationalistische Anwaltsverein eingereicht hatte, hatte sich die Konferenz nicht verhindern lassen. Zwar hatte ein Istanbuler Verwaltungsgericht die von drei Universitäten organisierte Tagung zunächst untersagt. Sie wurde dann aber an eine andere Hochschule verlegt.

An dieser geschickten Lösung hatte die Regierung in Ankara hinter den Kulissen mitgewirkt. Ministerpräsident Recep Tayyip Erdoğan sprach deutliche Worte: „Aufrichtig gesagt: Man kann nicht zustimmen, dass in einem demokratischen Land, in dem Gedanken und Meinungen frei geäußert werden, solch ein Entschluss gegenüber einer Organisation gefasst wird […] Es mag ja sein, dass einem die Meinungen nicht gefallen oder man diesen nicht zustimmt, aber man kann deren Veröffentlichung nicht auf diese Weise verhindern." Abdullah Gül, damals noch Außenminister der Türkei, rügte das Urteil ebenfalls. In seinen Worten ist ein gewisser Sarkasmus angesichts der öffentlichen Aufgeregtheiten unüberhörbar: „Man findet selten eine Nation, die sich selbst so viel Schaden zufügt." Der Regierung war klar, dass ein Verbot dem Ansehen der Türkei geschadet hätte.

Auf dem Spiel stand nicht nur der Ruf, auf dem Spiel stand auch die Erkenntnis. Die Konferenz markiert eine wichtige Zäsur. Es wurden deutliche Worte gesprochen, über Geschichte, Verdrängung, Aufarbeitung. Natürlich fiel der Begriff Völkermord, und natürlich ging es um Opferzahlen. Doch bald kristallisierte sich die Einsicht heraus, dass der Fortschritt schon immer eine Schnecke gewesen ist. Der Tenor: Wozu die Leute mit dem Streit über Zahlen und Worte verprellen – und damit jede Aufklärung torpedieren? Die empört geführte Zahlendebatte hat in der Türkei lange genug die ernsthafte Auseinandersetzung mit dem Leid unzähliger Unschuldiger verhindert. Genau darauf setzen die Verfechter der Leugnungsstrategie. „Sind die Gräueltaten von 1915 erst stärker ins kollektive Bewusstsein gerückt", bilanzierte eine Teilnehmerin, „kommt der richtige Begriff von allein." Die Resonanz der Tagung wirkte in diesem Sinne. Tagelang kannten die Medien kein anderes Thema. Die Presse dokumentierte auch die Redebeiträge der kritischen Experten, den Begriff Völkermord inklusive, und zwar ohne Anführungszeichen.

Im Mittelpunkt solcher Debatten steht nicht unbedingt die präzise historische Aufarbeitung, die außerhalb der Türkei bereits fortgeschritten ist. In der Türkei geht es darum, angesichts der eigenen Vergangenheit einen Standpunkt zu finden. Wie nötig das ist, zeigt eine Studie, die 2005 veröffentlicht wurde. Sie hat den Titel *Die gegenseitige Wahrnehmung der armenischen und türkischen Bürger und Projekte des Dialogs* und wurde von armenischen und türkischen Wissenschaftlern des Eriwaner Instituts HASA und des renommierten privaten Istanbuler Forschungsinstituts TESEV vorgelegt. Der wissenschaftlich-neutrale Titel verrät kaum etwas von der Brisanz des Gemeinschaftsprojekts. Solch eine grenzübergreifende Kooperation hat es noch nicht gegeben. Das binationale Team musste selbst auch Kommunikationsprobleme überwinden. Und auch bei der Recherche vor Ort, bei den über 2000 Interviews in beiden Ländern, gab es Schwierigkeiten: Misstrauen schlug den Wissenschaftlern entgegen, obwohl sie ihre Formulierungen sorgfältig wählten. In der Türkei kam es in einigen Fällen zunächst gar nicht erst zu einer Befragung, denn die Forscher wurden vorübergehend festgenommen.

Der Begriff Genozid taucht in dem Fragebogen, der über 1200 repräsentativ ausgewählten Türken vorgelegt wurde, nicht auf. Und auch darüber hinaus ließen die Forscher eine gewisse Selbstzensur walten, wie sie in ihrer Zusammenfassung freimütig einräumen. Sie verzichteten auf Feststellungen wie „In der zweiten Hälfte des Jahrzehnts von 1910 wurden auf dem Gebiet der heutigen Türkei (Anatolien) hunderttausende Armenier deportiert und getötet". Stattdessen sprachen sie von erzwungener Migration in den Wirren des Ersten Weltkriegs und davon, dass damals viele Armenier und Türken starben. So ähnlich lautet die übliche türkische Sprachregelung, mit der vage umschrieben wird, was 1915 an Unaussprechlichem geschah: die Massenvertreibung und -tötung von hunderttausenden unschuldigen Menschen. In der Forschung ist von 800 000 bis 1,5 Millionen Toten die Rede. Die Zahlen variieren je nach der zugrunde gelegten Bevölkerungszahl und der Berechnungszeit.

Dennoch ist die Studie aufschlussreich. Sie dokumentiert, wie wenig die Bürger in den beiden Ländern voneinander wissen – in zwei Staaten also, deren Regierungen keine diplomatischen Beziehungen pflegen und deren gemeinsame Grenze geschlossen ist, auch wenn es wieder Flugverbindungen gibt und nicht wenige Armenier aus der Kaukasusrepublik in Istanbul arbeiten. Beispielsweise zeigte sich jeder fünfte befragte Türke davon überzeugt, dass die offizielle Religion in Armenien das Judentum sei. Die Untersuchung verdeutlicht zugleich, dass eine Annäherung der Länder kaum möglich ist, ohne der Vergangenheit ins Gesicht zu sehen. Das armenische Identitätsgefühl basiert auf der Erinnerung an den Völkermord; der Begriff ist Teil dieses Gedenkens. Langfristig, folgern die Wissenschaftler beider Länder, sei türkischerseits eine Haltung des Respekts gegenüber den Armeniern und ihrer Geschichte nötig, wenn der Kontakt vorankommen solle.

Eine offenere Geschichtsbetrachtung führt unversehens zur Minderheitenfrage. Und diese wiederum führt direkt zum staatlich verordneten Postulat der türkischen Homogenität. Heute sind in dem Land 99 Prozent der Bevölkerung muslimisch. Gegen Ende des Osmanischen Reichs waren auf dem Territorium der modernen Türkei etwa zwanzig Prozent der Einwohner christlich oder jüdisch – sie lebten friedlich, geduldet und selbstverwaltet, wenn auch nicht im demokratischen Sinne gleichberechtigt neben der muslimischen Mehrheit. Wo sind sie, wo sind ihre Nachfahren geblieben? Es gibt türkische Familien, da wollen die Kinder das von ihren Eltern wissen. Manche fragen sogar: Wem hat früher unser Haus gehört? Denn all die Verschwundenen haben einen Besitz hinterlassen. Was wurde aus ihm? „Solche Fragen werfen ein neues Licht auf die Familiengeschichte", sagt der armenisch-türkische Wissenschaftler Etyen Mahçupyan, der früher das Forschungsinstitut TESEV leitete und nach Hrant Dinks Ermordung die Herausgeberfunktion beim Wochenblatt *Agos* übernommen hat. Solche Fragen seien freilich mit Ängsten verbunden. „Keiner will gerne wissen, ob seine Vorfahren möglicherweise kriminell gehandelt haben."

Über die Überlebenden und über die Lebenssituation ihrer Nachfahren wird in der Türkei zuletzt geredet. Sie sind eine fast unsichtbare Minderheit. Die meisten der weltweit insgesamt rund neun Millionen Armenier leben über die ganze Welt verstreut in der Diaspora. Die größte Gemeinschaft ist in den Vereinigten Staaten ansässig. In der armenischen Republik, die ungefähr ein Zehntel des alten armenischen Siedlungsgebietes umfasst, sind nach westlichen Schätzungen zwei bis drei Millionen Menschen zu Hause. Die meisten der etwas mehr als 60 000 türkischen Armenier leben heute in Istanbul, aber kaum noch in Ostanatolien, wo die armenische Geschichte weit zurückreicht. Viele in der Türkei machen sich das jedoch nicht bewusst. Sechzig Prozent der befragten Türken erklärten gegenüber den Autoren der erwähnten Studie, die Geschichte ihres Volkes in Anatolien sei älter als die des armenischen. Dabei ist es umgekehrt.

Doch die Politik des Unsichtbarmachens geht auf. Die meisten armenischen Orte tragen längst türkische Namen, die Klöster sind verschwunden, die Kirchen verfallen oder in Moscheen umgewidmet. In seinem Roman *Schnee* sucht Orhan Pamuk nach Bildern für diese schwarzen Leerstellen. Sein Held Ka kommt auf seinen Streifzügen durch die ostanatolische Stadt Kars an den prachtvollen, vom Verfall bedrohten Palästen der Armenier vorbei – und der Leser begreift, was der Autor damit verschlüsselt sagen will: Diese Stadt hat andere Zeiten gesehen. Vor etwas mehr als einem Jahrhundert lebten in Kars noch gut hunderttausend Armenier. Erst neuerdings beginnt man vorsichtig, das kulturelle Erbe der Armenier zumindest denkmalpflegerisch zu bewahren. Im April 2007, fast ein Jahrhundert nach ihrer Zerstörung, ist die symbolträchtige armenische Heilig-Kreuz-Kirche auf der Akdamar-Insel im südostanatolischen Van-See wieder eröffnet worden: als Museum, nicht als Kirche. Denn eine armenische Gemeinde rund um den Van-See – einst eines der zentralen armenischen Siedlungsgebiete – gibt es nicht mehr. Die Wiederherstellung der gut tausendjährigen Kirche ist ein Politikum. Ministerpräsident Erdoğan hat sich persönlich für die Restaurierung der Kirche eingesetzt. In Eriwan dürfte das genau beobachtet worden sein. Die diplomatischen Zeichen werden fein dosiert gesetzt: Bei der Eröffnung des renovierten Gotteshauses, das vom 12. bis zum 19. Jahrhundert der Sitz des Katholikos von Akdamar gewesen war, war auch der armenische Kulturminister anwesend.

Die meisten Kirchen haben sich in Istanbul, wo seit dem 6. Jahrhundert Armenier ansässig sind, erhalten. Über dreißig sind es, ein großer Teil davon ist aktiv. Es gibt über ein Dutzend Schulen mit rund dreitausend Schülern und zwei Krankenhäuser. Inmitten des heruntergekommenen Viertels Kumkapı am Ufer des Marmarameers residiert seit 1491 das armenische Patriarchat, das höchste Amt der armenischen Kirche. Sein strahlend weißer, vornehm renovierter Amtssitz ist Ausdruck der Schwierigkeiten des armenischen Alltags und zugleich Wahrzeichen für dessen neueste Verbesserung: Einerseits gibt es das Patriarchat als Institution in der Türkei bis heute nicht, lediglich der Patriarch ist als solcher anerkannt. Andererseits ist es in den vergangenen Jahren möglich gewesen, das Gebäude, das sich in einem unscheinbaren Sträßchen hinter einem hohen Zaun und einer Hightech-Sicherheitsschleuse verbirgt, zu restaurieren. Auch die drei Kirchen gegenüber sind nach der Jahrtausendwende instand gesetzt worden. Noch in den Jahrzehnten zuvor wäre das undenkbar gewesen.

Im Patriarchat registriert man diese Veränderungen mit feinen Sensoren. Man pflegt den Dialog mit der Regierung unter Ministerpräsident Recep Tayyip Erdoğan. Doch über Jahrzehnte hinweg hat man, wie andere christliche Minderheiten auch, notgedrungen Erfahrungen mit dem Gericht gesammelt: Ihre Kirchen sind überwiegend als wohltätige Stiftungen organisiert. Das Gesetz gesteht ihnen keine eigene Rechtspersönlichkeit zu. Immer wieder mussten die Stiftungen in der Vergangenheit zusehen, wie ihr Besitz an den Staat fiel. Zahlreiche Istanbuler Immobilien gingen auf diese Weise verloren. Dieses Gesetz muss geändert werden – das sieht nicht zuletzt die Annäherung an die Europäische Union vor. Künftig, so hofft man beim Patriarchat, werde man auch Spenden und Erbschaften annehmen dürfen. Die Bestandssicherung der armenischen Gemeinde ist angesichts der vielen Widerstände eine mühsame Angelegenheit. Nicht nur Hrant Dink hat Morddrohungen erhalten, sondern auch der armenische Patriarch der Türkei, Mesrob II., und andere Würdenträger. Im spannungsreichen Wahlkampf 2007 haben sich die Einschüchterungsversuche gehäuft.

Die Bestandssicherung ist freilich auch deshalb eine mühsame Angelegenheit, weil viele Armenier zwar Gemeindemitglieder sind, sich aber nicht aktiv engagieren. Vier bis fünf Prozent gehen in die Kirche. Viele Armenier leben in Mischehen mit Muslimen. Wenige interessieren sich für die Alltagsprobleme der Gemeinde. Die meisten verschließen vor diesen Problemen lieber die Augen. Sie fühlen sich gesellschaftlich integriert. Dennoch kennen alle türkischen Armenier jene feine Bruchlinie, die sie von der Mehrheit trennt: Armenier kommen im öffentlichen Leben kaum vor. Man findet sie nicht im Parlament und nicht in hohen Positionen beim Staat oder im Militär. In den Schulbüchern heißen die Kinder Ali, nicht Bedros. Ladenbesitzer zögern, ihren Namen, der sie mit der typisch armenischen Endung -yan erkennbar machen würde, für alle sichtbar auf ihr Schild zu schreiben.

Über Ängste und Ausgrenzungserfahrungen wird nicht laut gesprochen. Dann müsste man auch über die Vergangenheit reden. Jeder trägt seine Familiengeschichte wie eine imaginäre Bürde mit sich herum, jeder weiß von den Toten. Und so führt die staatlich verordnete Leugnung des Völkermords ausgerechnet bei den Nachfahren der Opfer zu Strategien der Verdrängung und des inneren Rückzugs, während man zugleich in der Mehrheitsgesellschaft mitschwimmt. Wer nicht darüber nachdenkt, was ihn von der Mehrheitsgesellschaft trennt, kann sich besser anpassen. „Wir sind Geschwister", sagt etwa eine ältere Frau, die zum Gottesdienst in die Georgskirche im Istanbuler Viertel Kocamustafapaşa gekommen ist, über das Zusammenleben von Türken und Armeniern. Dann erzählt sie, dass sie keine Gelegenheit hatte, Armenisch zu lernen, und die Predigt nicht versteht. Allgemein ist das Armenische auf dem Rückzug. Wo sollte man es in der Öffentlichkeit anwenden? Noch in den dreißiger und vierziger Jahren des vergangenen Jahrhunderts hat der Staat das Volk mit Kampagnen zum Türkisch-Sprechen erzogen. Damals hieß es: „Mitbürger und Landsmann, sprich Türkisch!"

Für die Armenier in der Türkei gleicht das Leben einem Balanceakt. Einerseits ist da der Wunsch, sich in dem Land, das schließlich Heimat ist, anzupassen. Andererseits wollen sie ihre Kultur wahren – und dazu gehört nicht nur der Volkstanz, sondern auch der Blick in die Vergangenheit. Wie soll man sich für deren Aufarbeitung einsetzen? Wie so etwas aussieht, lässt sich im armenischen Krankenhaus Surp Pirgiç vor der Stadtmauer Istanbuls besichtigen, einer Einrichtung, die auf eine Gründung von 1834 unter dem Sultan Mahmud II. zurückgeht und die seither ausschließlich mit armenischem Geld gefördert wird, deren Ambulanz und 120-Betten-Hospital aber allen Kranken offensteht. Auf den Fluren der Klinik herrscht derselbe Betrieb wie in anderen Istanbuler Krankenhäusern auch. Nur, dass hier ein winziges armenisches Museum eingerichtet wurde, das erste in der Türkei überhaupt, das „Museum der Brüderlichkeit" im ersten Stock des herrschaftlichen Verwaltungsgebäudes.

Was geschah 1915? Bedros Sirinoğlu, der armenische Museumsstifter und zweite Verwaltungsratschef des Surp-Pirgiç-Krankenhauses, lehnt sich im Ledersofa zurück, blickt auf die holzvertäfelte Wand gegenüber mit dem den Raum beherrschenden Atatürk-Bild und sagt, was er auf solche Fragen vermutlich immer antwortet: Niemand wisse genau, was 1915 passiert sei. Die Debatte über die Vergangenheit führe nur zu neuen Problemen. Die Armenier in der Türkei lebten in dem Land wie alle anderen Menschen auch. Das klingt schon fast nach der offiziellen Sprachregelung. Kein Geringerer als Ministerpräsident Recep Tayyip Erdoğan hat den so vorsichtigen wie beherzten Sirinoğlu bei seinen Museumsplänen unterstützt. Gemeinsam mit dem armenischen Patriarchen Mesrob II. nahm der Regierungschef an der Einweihung teil. Die Symbolik ist nicht zu unterschätzen: Eine solche Angelegenheit bedarf der Unterstützung von ganz oben.

Das Museum ist gewissermaßen eine Abbildung von Sirinoğlus Worten: In drei Räumen sind Ausstellungsstücke zur Gründungsgeschichte des Hospitals zu sehen, zur medizinischen Versorgung von einst, aber auch rituelle Gegenstände, ein Arztkoffer und eine Vitrine voller Pillenschachteln, Gewänder früherer Patriarchen, Votivtäfelchen von kranken Gläubigen, silberne Weihrauchschwenker und dergleichen mehr – es sind Alltagsgegenstände, die nichts vom düsteren Kapitel der Geschichte berichten. Sie erzählen jedoch von etwas anderem – leise, aber unüberhörbar –, was noch vor einiger Zeit kaum öffentlich erzählt worden wäre: vom traditionsreichen armenischen Leben in diesem Land. Dieses traditionsreiche Leben mit einer eigenen Kultur hat noch vor wenigen Generationen üppig geblüht.

Es gibt Menschen, die wollen diese Erinnerungen bewahren. Menschen wie Fethiye Çetin. Sie graben in der Vergangenheit, holen das Verborgene hervor und reichen es weiter. Und neue Dinge kommen ins Rollen. Die Todesanzeige von Fethiye Çetins Großmutter erschien im Februar 2000 in der Tageszeitung *Agos*. Sie wurde in Frankreich gelesen. Kurze Zeit später rief die viel jüngere, in den USA geborene Schwester der Großmutter in der Türkei an – und ihre türkische Enkelin hat seither neue Verwandtschaft: nämlich eine armenische Familie in den USA. Fethiye Çetin hat freilich auch eine neue Lebensaufgabe in ihrem Alltag als Anwältin hinzugewonnen: Mehrfach vertrat sie Hrant Dink, wenn er wieder einmal wegen seiner Artikel vor Gericht gezerrt und wegen angeblicher „Herabwürdigung des Türkentums" angeklagt wurde. Und als ob all dies nicht schon schwer genug wäre, kam noch eine weitere Verpflichtung hinzu: Im Mordfall Hrant Dink hat Fethiye Çetin die Aufgabe übernommen, die Familie Dink als Nebenklägerin zu vertreten.

Es ist eben nicht so weit auseinander, wenn eine Türkin über ihre Großmutter schreibt, die in Wirklichkeit Armenierin war, und wenn ein türkischer Staatsbürger über eine türkische Heldin schreibt, die offenbar ebenfalls Armenierin war. Für jene, die solche Geschichten schreiben, ist es dasselbe. Dieser Anspruch verbindet.

3.

Mercan Dede, der Zeremonien-meister der Fusion

Orient und Okzident verschmelzen in der Unterhaltungsmusik

Einmal im Jahr, immer im Dezember, treten im zentralanatolischen Konya die tanzenden Derwische auf. Es ist ein besonderer, ein erhabener Anblick: wie sich der Männerreigen sachte zu drehen beginnt, erst schwingt, dann wirbelt und schließlich ekstatisch kreist. Zur meditativ-sphärischen Musik gleiten die Derwische in ihren weiten, weißen Gewändern dahin. Ihre Tanzspiralen folgen liturgisch festgelegten Bewegungen. Eine Hand weist hinauf zu Gott, die andere hinunter zum Boden, als gälte es, sich im Kontakt mit Gott zu erden. Sema heißt dieser Tanz. Er ist typisch für den Orden der Mevlevis. Seinen mystischen Lehren zufolge liegt die Einheit allen Seins in Gott; ihn zu ehren ist den Menschen auf dem Weg der Liebe möglich.

Um den Derwischtanz zu sehen, muss man nicht nach Konya reisen, wo der Mystiker Celal ed-Din Rumi diesen Orden vor fast 800 Jahren begründete, seine mystisch inspirierten Lehren auf Persisch niederschrieb und am 17. Dezember 1273 begraben wurde. Man kann auch in ein Konzert von Mercan Dede gehen. Zwar ist dort alles ziemlich anders, aber manches dann doch nur auf den ersten Blick. Sein Derwisch heißt Mira Burke, eine Kanadierin mit zartblassem Teint. Sie ist in ein scheinwerfertauglich abgewandeltes Sufigewand gekleidet. Schwingend, wirbelnd, kreiselnd reflektiert ein Neonband auf dem groben Wollstoff das Licht, wenn sich die Tänzerin in die Trance hineindreht.

Manchmal kommt es vor, dass Mira Burke wie hypnotisiert von den eigenen Bewegungen ist. Dann gibt Mercan Dede seinen Musikern das Zeichen, weiterzuspielen, bis der weibliche Derwisch wieder eintaucht ins irdische Leben. Das gehört zur Abmachung: Der Derwischtanz auf der Bühne müsse echt sein, sagt der Musiker. Echt? Echter jedenfalls, als man meint. Burke hat den rituellen Tanz bei ihrem Vater, einem kanadischen Derwisch, gelernt, und er wiederum wurde in Konya unterrichtet. Und auch Mercan Dede, der bereits als Kind in den siebziger Jahren wie elektrisiert vom Klang der Musik der Mystiker war, hat sich in Konya unterweisen lassen: im Spiel auf der Rohrflöte, der Ney, dem Instrument der Sufis schlechthin.

Im Ton dieser Flöte, so sagt man, sehnt sich die Seele nach der Vereinigung mit Gott. Das traditionsreiche, schwer erlernbare Instrument war in der Türkei aus der Mode gekommen. Es galt sogar als rückständig. Doch jetzt entdecken junge Leute die Rohrflöte. Er habe, erzählt Mercan Dede, eine regelrechte Ney-Welle ausgelöst. Die Bewunderung, die er findet, scheint ihn nicht wirklich zu erstaunen. Er lässt offen, ob sie dem Original gilt, der spirituellen orientalischen Musik, deren Instrumentarium sich heute nicht mehr nur auf die Ney und auf das Schlagwerk Kudüm beschränkt wie vermutlich noch im 19. Jahrhundert –, oder womöglich doch seiner westlich-weltlichen Adaption des Sufisounds. „Wenn man eine Tür öffnet, werden Menschen hindurchgehen", sagt er und lächelt freundlich. Solche Sätze lässt er wie nebenbei ins Gespräch über seine Musik einfließen. Sie klingen ein bisschen nach Sufi, nach mystischer Wegsuche und Herzensbildung.

Es mag an solch vagen Übereinstimmungen liegen, dass so viele zu Mercan Dedes Konzerten strömen. Oder sie haben sich daran gewöhnt, dass nun auch diese lange Zeit elitär-unzugängliche Musik der Mystiker marktgerecht vermischt wird. Verflogen sind der anfängliche Argwohn und die Verstörung des Publikums: ein Ney-Spieler mit Ohrring, punkartiger Frisur, gewöhnungsbedürftigem Outfit! Und so jung, zu Beginn seiner Karriere um die Jahrtausendwende etwas über dreißig! Das hätte man nicht erwartet, zumal bei diesem Namen: Dede ist die familiär-respektvolle Anrede für Großvater, und Mercan Dede wiederum eine Figur aus einem Roman des zeitgenössischen Schriftstellers Ihsan Oktay Anar, dessen historisch-fantastische, das osmanische Vokabular wiederbelebenden Romane bei der gebildeten Stadtjugend Kultstatus genießen.

All diese eigenwilligen Zusammenfügungen sind programmatisch. Für den Musiker lassen sich Tradition und Moderne nur in einem denken. Und so steht er auf der Bühne inmitten seiner Band am Plattenteller, scratcht in bester DJ-Manier, jagt Technobeats aus der Maschine, um dann zu kleinen Schellen zu greifen oder zur Ney. Ihr melancholisches Hauchen, der harte Klang der metallenen Bechertrommeln (Darbuka), die perlenden Tonkaskaden der Kastenzither (Kanun), das Klagelied der Klarinette: Das alles verschmilzt mit den elektronischen Sounds. Unregelmäßig, unüberhörbar orientalisch preschen die Rhythmen voran. Es ist ein kreativer Mix. Mercan Dede, der abwechselnd in Kanada und in Istanbul lebt, liebt die vielschichtige Musik seines Heimatlandes: Sie ist mystisch islamisch, türkisch volkstümlich, klassisch osmanisch, multiethnisch kleinasiatisch und nicht selten mehreres zugleich. In der Türkei sieht der Künstler einen „Melting Pot" und in der Kultur eine wichtige Möglichkeit zur Selbstvergewisserung: „Die Essenz der Kultur ist die Identität."

Auch andere zeitgenössische Unterhaltungsmusiker mischen, wie es ihnen gefällt. Mit großer Lust und einem auffällig ausgeprägten geschichtlichen Bewusstsein schöpfen sie aus dem reichen Liederschatz ihres Landes. Aber dann arrangieren sie diese Trophäen mit feinem Gespür für den Klang der Globalisierung. Die Öffnung animiert zur Rückbesinnung auf das Eigene, sie zwingt sogar dazu. Wer seine Identität kennt, kann besser in der neuen Unübersichtlichkeit bestehen. Die

Begeisterung, die mit dieser Wiederbelebung des Eigenen einhergeht, ist nicht zu überhören – so sehr, dass manche es schon gar nicht mehr hören können, die griechische Musik beispielsweise, die vor ein paar Jahren plötzlich flächendeckend in den Kneipen von Beyoğlu, dem Ausgehviertel Istanbuls, gespielt worden ist, so als gäbe es keine anderen Stücke mehr. Viele Musiker haben heute Lieder der kleinasiatischen Griechen im Repertoire. Sezen Aksu, die Königin der türkischen Popmusik, hat dieses Erbe aufgegriffen, und viele andere ihrer Kollegen tun es auf ihre Weise auch.

So verbindet die moderne Unterhaltungsmusik zum einen Tradition und Moderne, Vergangenheit und Fortschritt, zum anderen Östliches und Westliches, Asiatisches und Europäisches – gerade so, als wäre dies das Natürlichste der Welt. Was in der Politik oder in der Gesellschaft zu Spannungen und Widersprüchen führen kann, wird in der Musik zur geglückten Synthese. Clash of Cultures? Die Kunst will frei von polarisierenden Zuschreibungen sein. Sie will Klüfte überbrücken. Auch das begründet ihren Erfolg, denn die Fangemeinde, allen voran die zahlenmäßig starke junge Generation, möchte sich auch nicht immerzu entscheiden müssen, als was sie sich bezeichnen soll, als europäisch oder asiatisch. Nach dem eigenen Verständnis ist man beides zugleich, je nach Bedarf. Die Unterhaltungsmusik drückt genau dieses Selbstverständnis aus.

Da redet man über Musik, mit Mercan Dede beispielsweise oder mit Hasan Saltık, dem Inhaber des so ungewöhnlichen wie erfolgreichen Istanbuler CD-Labels Kalan – und wo landet das Gespräch dann unweigerlich? Bei der Politik. Und das nicht etwa, weil diese Männer an die korrekten Protestballaden vergangener Zeiten anknüpften. Es eint sie ein vergleichsweise neues Bedürfnis: Sie haben sich einer anderen, differenzierten Sicht der Türkei verschrieben. Sie möchten auch die Musik der teils großen, teils drastisch geschrumpften ethnischen und religiösen Minderheiten erklingen lassen, die Musik der Kurden, Aleviten, Roma und Lasen, aber auch der Armenier, der syrisch-orthodoxen Christen, der Griechen, Tscherkessen, Araber, Georgier und der vielen anderen Gruppen, die ihre Spuren in Anatolien und Thrakien hinterlassen haben. Kein Jahrhundert ist es her, da siedelte dort zu osmanischen Zeiten ein Gemisch von Völkern und Religionsgemeinschaften. Das CD-Sortiment des Labels Kalan gleicht einem Streifzug durch diesen untergegangenen Vielvölkerstaat. Seine Schätze möchte Hasan Saltık heben. Es wäre doch schade, sagt er, wenn dieser Reichtum verloren ginge.

All diese Menschen haben ein Erbe hinterlassen. Doch das wurde nach der Gründung der Republik 1923 weitgehend ignoriert. Der neue Staat schuf sich eine Nation und dazu passend eine neue Identität und eine neue Kultur. Die Musik sollte mit diesen Grundsätzen kompatibel, also entweder türkisch oder westlich sein. 1934 gab Atatürk vor der Großen Nationalversammlung in Ankara die Linie vor. Eigens zum Thema Musik hielt er eine Rede: „Freunde, ich weiß, ihr seid euch dessen bewusst und bemüht euch sehr darum, dass die Jugend unserer Nation in allen künstlerischen Bereichen Fortschritte macht. Dies geschieht bereits. Jetzt aber ist der Förderung türkischer Musik und den Künsten die absolute Priorität einzuräumen, dringend müssen gerade sie unterstützt werden." Die Musik in der neuen Republik, erklärte der erste Präsident der noch jungen Republik weiter, solle „den ihr zukommenden Platz in der zeitgenössischen und internationalen Musik einnehmen" können. Der Staatsapparat machte sich daran, die Prämissen zu erfüllen – und bereits Begonnenes zu vollenden.

Nach 1923 wurde nichts mehr unternommen, um die klassische Kunst- und Hofmusik des Serail zu pflegen. Erst Jahrzehnte später sollte eine Rückbesinnung einsetzen. Vorerst aber setzte man alles daran, die osmanische Vergangenheit aus dem Gedächtnis zu löschen. Die Kunst- und Hofmusik, die

Musik der einstigen Herrscher, war von persischen, arabischen, byzantinischen, weniger dagegen von anatolischen oder zentralasiatischen Elementen geprägt. Sie wurde bis Anfang des 20. Jahrhunderts in der höfischen Musikschule gelehrt. Über Jahrhunderte hinweg hatten die Musiker ihre Kompositionen von Generation zu Generation weitergegeben. Vieles wurde nur im Gedächtnis überliefert. Lange Zeit gab es keine einheitliche Notation. Gegen Ende des 19. Jahrhunderts setzte sich die westliche Notenschrift durch. Zu diesem Zeitpunkt hatte der europäische Einfluss auf die höfische Musik bereits begonnen – auf die Kunstmusik und die Militärmusik. Sultan Mahmud II., der die Janitscharen samt ihrem Musikzug abgeschafft hatte, gründete für seine Armee auch eine neue Kapelle – unter der Leitung von Giuseppe Donizetti, dem älteren Bruder des italienischen Opernkomponisten.

Die neue Republik schuf sich ihre eigenen Strukturen. Rasch wurden erste Symphonieorchester etabliert. Man ließ Opernhäuser erbauen, etwa von dem deutschen Architekten Paul Bonatz in Ankara, in der frisch ernannten und damals noch überschaubar kleinen Hauptstadt. Man schickte Komponisten zur Weiterbildung nach Europa, die nach ihrer Rückkehr eine von westlichen Harmonievorstellungen geprägte polyphone Musiktradition begründet haben. So sollte der grundlegende Unterschied der Musiktraditionen überbrückt werden. Die türkische Musik ist monophon, sie kennt also keine Mehrstimmigkeit, bei der verschieden hohe Töne entsprechend den Grundsätzen von Konsonanz und Dissonanz erklingen. Das und auch die anderen Rhythmen lassen die türkische Musik für Ohren, die damit nicht vertraut sind, zunächst so anders erscheinen. Atatürk stieß auch die Archivierung der Volkslieder an. Da wurde fleißig gesammelt und aufbewahrt, doch ethnische Unterschiede wurden oftmals eingeebnet, und allzu Fremdes wurde ignoriert.

Es ist längst die Frage, wie lange sich diese Staatsdoktrin der Reinheit aufrechterhalten lässt. Die Kultur, insbesondere die Musik, entlarvt diese Doktrin zunehmend als Mythos der nationalen Selbsterfindung. Hasan Saltık, der Inhaber des erwähnten CD-Labels Kalan, der selbst ein passionierter Sammler anatolischer Volksmusik ist, spricht sogar von einem Bankrott der offiziellen türkischen Musikpolitik. Dieser Bankrott, betont er, sei doch ganz offensichtlich. So ganz losgelöst von seiner Lebensgeschichte lässt sich diese Sichtweise vermutlich nicht erklären: Der Unternehmer stammt aus der südostanatolischen Provinz Tunceli. Sein Vater, ein Beamter, ist türkischer Abstammung, seine Mutter Kurdin. Als sich die politische Lage zuspitzte, ging die Familie nach Istanbul. Hasan Saltık, eines von fünf Kindern, wurde zum Musikstudium geschickt. Nebenher verdiente er Geld als ambulanter Verkäufer von Sesamkringeln. Doch das Geld reichte hinten und vorne nicht, und so musste Hasan Saltık sein Studium aufgeben. Über Umwege fand er dennoch zur Musik. 1991, mit einem Startkapital von umgerechnet 500 Euro, gründete er sein Label Kalan.

Heute gehört das Unternehmen zu den großen CD-Labels in der Türkei. Die Firma hat ihren Sitz ganz bodenständig im Istanbuler Viertel Unkapanı. In einem großen Betonblock haben dort unzählige Kassettenvertreiber und CD-Verleger ihre Büros, aus denen die neuesten Hits dröhnen. Hasan Saltık schaut von seinem Schreibtisch aus auf ein altes Klavier, daneben geht der Blick aus dem Fenster hinaus auf das Goldene Horn. Doch wenn er über Musik spricht, hält es ihn kaum am Platz. Er springt auf, holt CDs und zeigt Fotos. Noch vor ein paar Jahren wurde Hasan Saltık belächelt, wenn er wieder einmal in staatlichen Musikarchiven vorsprach, um alte Aufnahmen dem endgültigen Vergessen zu entreißen, um sie mit viel Computereinsatz wieder hörbar zu machen und, vom gröbsten Rauschen befreit, auf CD zu brennen: Tangos von Seyyan Hanım aus den dreißiger und vierziger Jahren, italienisch angehauchte Canto-Schlager Istanbuls aus den letzten Jahren des Osmanischen Reichs, alte Balladen alevitscher Barden. Er liebt die Vielfalt der Musik, und er setzt auf ihre große Kraft, denn sie führt zu einem unübersehbaren Wandel. Man muss gar nicht furchtbar lange nach Beispielen suchen, die das zeigen.

Ein Beispiel: In einem Land, in dem es noch 1993 gewalttätige Ausschreitungen gegen Aleviten gab, will es etwas heißen, wenn Bands wie Baba Zula oder Orient Expressions das verdrängte Liedgut dieser großen muslimischen Minderheit mit viel Elektronik arrangieren. Damals starben 37 Menschen; sie fielen einem Feuer in Sivas zu Opfer, das islamische Eiferer gelegt hatten – aus Wut darüber, dass alevitische Intellektuelle in der ostanatolischen Stadt einen Kongress über Pir Sultan Abdal abhielten. Dieser bis heute beliebte Volksdichter hatte im 16. Jahrhundert in Sivas gelebt. Seine Verse spiegeln mystische und alevitische Gedanken. Die Aleviten bekennen sich nicht zum sunnitischen Mehrheitsislam, sie sind Anhänger einer schiitischen Heterodoxie – und werden bis heute vom staatlichen Präsidium für Religionsangelegenheiten (auf Türkisch abgekürzt: Diyanet) weitgehend ignoriert. Junge Leute, die zu Baba-Zula-Konzerten gehen, denken nicht an Sivas. Aber sie hören modern arrangierte alevitische Musik. Und Murat Ertel, der Saz-Spieler der Band, der sich gerne wie ein anatolischer Frank Zappa präsentiert, sagt: „Das Beste, was wir als Künstler tun können: mit Musik die Perspektiven verändern."

Noch ein Beispiel: Es will auch etwas heißen, wenn in einem Land, in dem der Gebrauch der kurdischen Sprache außerhalb der Privatsphäre lange Zeit verboten war, inzwischen kurdische Musiker mit ihren Liedern auf Kurdisch erfolgreich Karriere machen. Noch über die neunziger Jahre hinaus wäre man dafür im Gefängnis gelandet. Die Justiz tat das Ihre und tut es mitunter immer noch, und auch viele Bürger haben kurdische Musik lange Zeit für einen Ausdruck von Separatismus gehalten. Der kurdische Sänger Ahmet Kaya wurde 1999 als Staatskünstler der Türkei ausgezeichnet – doch als er die Gelegenheit zu einer Ankündigung in eigener Sache nutzte, wurde er ausgebuht: Er hatte erklärt, künftig auch Lieder auf Kurdisch schreiben zu wollen. Solche reflexartigen Reaktionen waren nichts Ungewöhnliches. Heute ist es längst nicht mehr nur unter jungen Stadttürken en vogue, kurdische Songs zu hören.

Und noch ein Beispiel: Es handelt von einer Band, die sich den Namen „Kardeş Türküler" gegeben hat – was so viel heißt wie Lieder der Brüderlichkeit. Genau genommen ist Türkü die Bezeichnung für das Volkslied. Der Name ist auch darüber hinaus Programm. Ende der achtziger, Anfang der neunziger Jahre formierte sich die Band in studentischen Kreisen an der Istanbuler Bosporus-Universität: eine Gruppe musikbegeisterter Autodidakten. Es war Hasan Saltık, der es 1997 wagte, das erste Album der Gruppe herauszubringen. Bei anderen Labels hatte man abgewinkt: So was will doch keiner hören, hieß es. Doch zwei Jahre später kam mit der CD *Doğu* („Osten") der Durchbruch. Unerwartet, wie aus dem Nichts, strömten fünftausend Menschen zum Open-Air-Konzert der Gruppe in Istanbul. Die Band spielte Volksmusik aus Südostanatolien, aus Urfa und Hakkari, sie sang türkische und kurdische Lieder und alte Weisen der Armenier und der assyrischen Christen. Die gemeinsame Vergangenheit in dieser musikalischen Vielfalt ist unüberhörbar. Dynamische Rhythmen, aber auch die Instrumentierung und die Harmonien verbinden.

Es ist eine authentische Musik. Auf dem Land hatte sie fortgelebt. Aber auch dort war sie in den vergangenen Jahrzehnten mehr und mehr von einer kommerziell glattgeschliffenen, von Radio und Fernsehen flächendeckend verbreiteten Volksmusik übertönt worden. Viele Mitglieder der Band sind ausgeschwärmt, um diese Lieder zu finden. Was sie gefunden haben, hat sie nur umso neugieriger gemacht, und sie haben deshalb begonnen, regelrecht zu forschen. Ihr sei doch gar nicht klar gewesen, dass in ihrer Heimatstadt Konya früher einmal Armenier gelebt hätten, sagte die Sängerin Feryal Öney der armenischen Wochenzeitung *Agos* in Istanbul. Die Percussionistin Diler Özer stieß bei ihren Recherchen zur Musikgeschichte auf die ethnische Vielfalt in der eigenen Familie. Verblüfft stellte sie fest, dass ihre Großmutter von Tscherkessen abstammte. Niemand hatte ihr das gesagt.

Die zwölf Musiker von Kardeş Türküler singen keine politischen Parolen. Sie geben auch keine anti-kommerziellen Statements ab. Aber sie verstehen ihre Musik als Vision einer kulturell und auch politisch pluralistischen Gesellschaft. Die Begeisterung des Publikums interpretieren sie als Zustimmung, als Ausdruck einer Sehnsucht nach Freiheit und Demokratie. Es gibt inzwischen kaum eine Party ohne Kardeş Türküler. Bei den Konzerten geht es hoch her. Der Soundtrack von türkischen Blockbusterfilmen wie *Vizontele* stammt von der populären Band. Sogar die staatlichen Sender spielen ihre Stücke, vor allem die unverfänglichen – die kurdischen hat man anfangs lieber weggelassen. Und so sickert die Botschaft der ungewöhnlichen Formation langsam, langsam ins allgemeine Bewusstsein ein.

Verdrängtes kommt wieder an die Oberfläche: Die Jüngeren erleben das als Entdeckungsreise in eine Vergangenheit, über die sie im Geschichtsunterricht kaum etwas erfahren haben. Die Älteren dagegen erfahren eine Art Wiedererweckungsprozess. Der Musiker und Schriftsteller Zülfü Livaneli erklärt das in seinem Roman *Mutluluk* ("Glück"): Das Volk trage all diese Rhythmen in sich, sie seien abgespeichert im kulturellen Gedächtnis. Livaneli hat als Sänger große Zeiten in der Türkei gehabt. An seinen politisch-engagierten und natürlich verbotenen Liedern hielten sich viele Menschen in den düsteren Putschzeiten aufrecht. Livaneli selbst war damals im schwedischen Exil. Er wurde 1946 geboren, acht Jahre nach Atatürks Tod. Seine Erziehung beschreibt er als "türkische Synthese", als säkular und republikanisch, als kultiviert und im Glauben verwurzelt. Der Vater hatte ihm zu Grundschulzeiten eine Langhalslaute geschenkt – mit der Bemerkung: „Vergiss deine Wurzeln nicht." Dieses traditionsreiche Instrument, die Saz, ist das zentrale Instrument der Volksmusik, perkussiv und erstaunlich vielseitig im Klang. Und so entdeckte Livaneli schon früh die kraftvolle anatolische Poesie, Epen und gesungene Geschichten vom Leben, von Liebe und Hoffnung, von Leiden und Tod, von Freiheit und Gerechtigkeit.

Das war die Welt der *aşıks*, der Volkssänger, die über Jahrhunderte hinweg das kulturelle Erbe eines Volkes weitergaben, das zum Großteil aus Analphabeten bestand. Diese Tradition spielt heute keine große Rolle mehr. Aşık Veysel, der letzte große Barde, starb 1975. Da hatten Radio und Fernsehen längst begonnen, die Hörgewohnheiten der Menschen zu verändern, und die regionalen Unterschiede der Volksmusik verschwammen. Hasan Saltık sammelt übrigens auch solche Lieder und bewahrt sie so vor dem Vergessen. Manchmal waren es Rettungsaktionen unter abenteuerlichen Umständen, manchmal solche im letzten Moment. Saltık stöberte betagte Musiker auf, um sie dann zu Aufnahmen zu bewegen. In manchen Fällen waren es die ersten Aufnahmen, die diese Meister überhaupt gemacht haben. Die Tageszeitung *Radikal* schrieb einmal, Saltık sei der Missionar der Stimmen Anatoliens. Es gab andere Zeiten, da war er als Linker und als PKK-Anhänger verschrien, nur weil er Protestlieder und kurdische Musik herausbrachte. Das ist vorbei. Längst hat sich die hohe Politik an Kalan herangetastet. İsmail Cem, der von 1997 bis 2002 türkischer Außenminister war, ließ seinen EU-Kollegen sogar eine Sammlung von Kalan-Aufnahmen als Geschenk zukommen – nach dem Motto: So schön und vielfältig ist die Türkei. Und auch andere CD-Labels tun es Kalan auf ihre Weise nach.

Die Vielfalt lässt sich nicht bändigen, und sie bringt immer neue Vielfalt hervor. Gut sortierte türkische CD-Geschäfte präsentieren, was inzwischen alles in der Unterhaltungsmusik nebeneinander existiert. Zwar werden auch ausländische, vor allem angelsächsische Stars gehört, aber ihre CDs sind teuer. Gekauft wird vor allem Einheimisches. Türkischer Rock, türkischer Jazz, türkische Weltmusik, türkischer Pop, türkische Protestlieder, türkischer Rap, türkische Klubmusik, türkische DJ-Mischungen – jede Musikrichtung gibt es auch in einer türkischen Variante. Hinzu kommen Genres, die man anderswo in dieser Art nicht kennt: die populäre Kunstmusik, die Arabeskmusik und die Volksmusik. Grenzüberschreitungen sind schon fast Prinzip. Es ist deshalb keine leichte Aufgabe, das breit gefächerte Angebot zu ordnen. In den Musikgeschäften löst man sie mitunter pragmatisch: Die eine oder andere CD ist eben unter verschiedenen Rubriken einsortiert. Westlich Arrangiertes macht einen guten Teil des Gesamtangebots aus. Das hat längst Tradition.

Der Rock begann mit diesem Experiment bereits Ende der sechziger Jahre, als die Flower-Power-Bewegung bis an den Bosporus schwappte – und darüber hinaus, denn Istanbul lag auf dem Weg der Hippies nach Afghanistan und Indien. Barış Manço, Cem Karaca oder die Moağallar zählen zu den wichtigen Interpreten der Anfangszeit. Manço und Karaca sind tot, aber unvergessen. Ihre Alben gibt es nach wie vor zu kaufen, von Karaca ist erst unlängst eines in Neuauflage von jungen Interpreten herausgebracht worden. Andere Stars der frühen Jahre haben längst graue Haare, die Herren der Band Moğallar beispielsweise, aber sie spielen immer noch. Und viele Junge sind inzwischen nachgekommen: Mor ve Ötesi beispielsweise, eine Gruppe mit politischen Texten, die von ihren Fans bei Konzerten auswendig mitgesungen werden. Es gibt die Replikas, Athena und Duman.

Der türkische Pop setzte in den Achtzigern zu seinem zeitweilig alles andere übertönenden Siegeszug an, so als gälte es, den gefälligen Soundtrack zur wirtschaftlichen Öffnungspolitik unter Turgut Özal, dem ersten gewählten Regierungschef nach dem Putsch, zu liefern. Die Menschen waren erschöpft von all den ideologischen, brutal geführten Auseinandersetzungen der siebziger Jahre und vom Schock des Staatsstreichs. Man sehnte sich nach Seichtem – und hörte angelsächsischen Einheitspop und türkische Kommerzschlager. Damals begann auch Sezen Aksu ihrer Karriere. Seit gut drei Jahrzehnten ist die Musikerin, die 1954 geboren wurde und in Izmir aufgewachsen ist, die unangefochtene First Lady des türkischen Pop. In den achtziger Jahren landete sie mit ihrem samtig-weichen, mit den Jahren zunehmend rauchigen Timbre erste Hits, aber der Durchbruch kam 1991 mit dem Album *Gülümse* („Lächeln"). Typisch für sie sind die ausgeprägte Lust am Experiment und das Gespür für Poesie und Zeitgeist. Natürlich handeln ihre Texte vom Leben, von Leid und Liebe, aber auch von gesellschaftlichen Missständen. Sie schreibt diese Songs selbst, oder Dichter wie Murathan Mungan schreiben für sie, und sie selbst wiederum schreibt erfolgreich für andere. Tarkans freches Kusslied samt Doppelschmatzer im Refrain stammt von ihr.

Sezen Aksu hat den türkischen Pop aus seinen seichten Gewässern hinausgeführt. Sie hat anatolische Volksmusik, Folk und Arabeskes mit einbezogen, Anleihen bei Griechischem und auch bei Kurdischem gemacht, Musik mit sozialem Engagement verknüpft – und sie hat, wie wohl niemand sonst, andere Musiker unterstützt: betagte wie Müzeyyen Senar, die als Interpretin orientalischer Salonmusik vom Pop verdrängt worden war, und auch blutjunge wie Sertap Erener, die als erste Türkin beim Grandprix Eurovision 2003 den Hauptpreis holte. Auffällig viele junge Musiker, von dem sozialkritischen Rapper Ceza bis zu dem nach internationalem Ruhm strebenden Tarkan, beziehen sich auf Sezen Aksu. Manche sprechen von ihr respektvoll, fast schon zärtlich wie von einer Mutter. Es ist bemerkenswert: Die Sängerin, die noch nie ein Interview gegeben hat, ist so präsent wie kaum ein anderer Star in der Türkei.

Die Musik in der Türkei ist voller Geschichten. Eine muss unbedingt noch erzählt werden. Auch sie handelt davon, dass sich Vielfalt glücklicherweise gar nicht so leicht ausmerzen lässt. Sie handelt vom Siegeszug der Arabeskmusik. Orhan Gencebay, Müslüm Gürses, Ferdi Tayfun und natürlich Ibrahim Tatlıses (der Nachname heißt so viel wie „süße Stimme"), der als singender Bauarbeiter in Adana schuftete, bis er dort der Legende nach von einem Mann aus der Filmbranche entdeckt wurde – das sind die großen Stimmen dieser Musik. Mit schmachtendem Tremolo singen die Herren, die allesamt in den fünfziger Jahren irgendwo in Ostanatolien geboren wurden, von unerfüllten Sehnsüchten. In den achtziger Jahren konnte man ihrem Gesang kaum aus dem Weg gehen – er tönte einem überall entgegen. Die junge Generation heute gräbt die alten Platten der Eltern aus. Lieder wie *Hatasız bir kul olmaz* („Es gibt keinen Menschen ohne Fehler") von Gencebay sind Kult. Auch der Hamburger Regisseur Fatih Akin, der seinen Film *Crossing the Bridge* (2005) dem pulsierenden Istanbuler Musikleben gewidmet hat, gehört zu seinen jungen Verehrern: Der Mann, der die Saz aus Anatolien in die Stadt gebracht habe, sei eine fast mythische Figur.

Arabeskmusik war die Musik des Volks, der Landflüchtigen, die seit Ende der sechziger, Anfang der siebziger Jahre in die Städte zogen. Sie richteten sich in den *gecekondus* ein, in den wild wuchernden Siedlungen, die die Ballungszentren wie Gürtel umschließen. Dort sind oftmals Nachbarschaften wie im ursprünglichen Heimatort entstanden. Heute leben über sechzig Prozent der türkischen Bevölkerung in städtischen Siedlungsgebieten. Doch auch dort hörten sie weiter ihre Arabeskmusik. Das städtische Establishment blickte herab auf diese Musik. Man mokierte sich über das Gejaule. Das hatte viel mit sozialer Distanz zu tun. Die staatlichen Sender ignorierten die orientalisierenden Klänge – und in diesem Fall war das Politik. Damit machten sie genau das, was ursprünglich zur Entstehung dieser Musik geführt hatte: In der jungen Republik war arabischsprachige Musik aus dem Programm verbannt worden. Schließlich sollte nichts an die verpönten osmanischen Zeiten erinnern. Und so schalteten die Leute arabische Sender wie Radio Cairo ein, um ihre Musik zu hören. Bauchtanzmusik – sogenannte *raks müziği* – ist also der Ursprung der türkischen Arabeskmusik. Vor allem Orhan Gencebay hat viel zur Entwicklung dieses Stils beigetragen. Der Musiker, der sich schon mit 16 Jahren für Jazz und Rock interessierte und am Istanbuler Konservatorium studierte, schafft wie nebenbei überraschende Verbindungen.

Und so schließen sich immer wieder neue, nur scheinbar überraschende Kreise. Man kennt sich ja. Der Rapper Ceza macht ein Projekt mit Burhan Öcal, dem Percussionisten und musikalischen Tausendsassa, der seine Inspirationen aus der Musik der Roma und des osmanischen Hofs bezieht. Müslüm Gürses, der in Zeitungen als der „Vater des Arabesk" tituliert wird, singt plötzlich Poptitel, die von türkischen Dichtern mit neuen Texten versehen wurden. Das Publikum ist für Abwandlungen des Alten offen, auch in den Konzertsälen für klassische Musik: Der Pianist Fazil Say, der mit Dirigenten wie Kurt Masur und Sir Roger Norrington und mit den berühmten Orchestern dieser Welt spielt, greift dort auch Stücke von Aşık Veysel auf: *Kara Toprak* („Schwarze Erde") heißt ein Lied des legendären blinden Volkssängers, in dem er vom Verlust seiner Geliebten singt: Nichts blieb von ihr zurück außer schwarzer Erde. Fazil Say hat die Ballade für das Klavier adaptiert. Er greift nicht in die Tasten, sondern direkt hinein in die Saiten des Konzertflügels und imitiert auf diese Weise den Klang der Saz. Ist das nun kunstvoll arrangierte Volksmusik? Oder Jazz? Oder Weltmusik?

Fazil Say wurde 1970 geboren, Sohn einer klassischen Intellektuellenfamilie. Im Plattenschrank der Eltern fand er als

Kind ausschließlich Aufnahmen von klassischer europäischer Musik. Das war gar nicht untypisch für diese Zeit und diese Kreise. Auch bei den Says wurde keine türkische Folklore gehört. Die lernte der Pianist erst später aus dem Radio kennen. Say absolvierte eine Klavierausbildung in Ankara und Düsseldorf, unter anderen bei dem damals schwer kranken David Levine. Später ging er auch nach Berlin. Die Klassik hat Say auf seine Weise erweitert. Sein Name steht heute für eine neue Generation der türkischen polyphonen Musik, die westliche Harmonien ganz selbstverständlich mit traditioneller türkischer Musik verbindet. Bei seinen Eigenkompositionen unterstreicht er den Bezug zur eigenen Kultur. Er schrieb unter anderem Konzerte und Oratorien zum Gedenken an die Dichter Metin Altıok und Nazım Hikmet.

Die Vitalität und auch die Dynamik des türkischen Musiklebens sind beeindruckend. Musik ist in der türkischen Öffentlichkeit fest verankert. Dass dies früher anders gewesen sein soll, kann man sich kaum vorstellen. Aber der Eindruck täuscht. Der Berliner Musikwissenschaftler Martin Greve macht in seiner Dissertationsschrift *Die Europäisierung orientalischer Kunstmusik in der Türkei* den tiefgreifenden Wandel des Musiklebens deutlich. „Im Osmanischen Reich hatte Musik in verschiedenen Sphären weitgehend unabhängig voneinander existiert, also im Prinzip vergleichbar der Autonomie verschiedener Gesellschaftsteile und millets", also der unterschiedlichen Religionsgemeinschaften. Doch bereits um die Jahrhundertwende, erst recht aber in der frühen Republikzeit hätten sich diese Teilbereiche weiter vermischt. Heute ist die Synthese das Prinzip schlechthin. Dies gilt vor allem in der türkischen Unterhaltungsmusik. Das ist ein gewaltiger Wandel – wenn man bedenkt, was ebenfalls bei Martin Greve zu lesen ist: dass es nämlich noch vor einigen Generationen weithin üblich war, Lifemusik nur zu rituell festgelegten Anlässen, etwa bei Beschneidungsfeiern oder Hochzeiten, zu hören und dass sogar das Dasein als professioneller Musiker und Muslim als nicht ganz unproblematisch galt, jedenfalls jenseits der vertrauten Kreise, wie die Sufiorden es waren.

Auch in Deutschland hat sich ein türkisches Musikleben etabliert, allerdings abseits der deutschen Öffentlichkeit. Erst in jüngster Zeit beginnt sich das zu ändern. Kulturfestivals wie „Şimdi Now" in Berlin und in Stuttgart haben nicht nur türkisches Publikum, sondern auch deutsches angelockt: zu Konzerten von Sezen Aksu, Mor ve Ötesi, Mercan Dede und vielen anderen. Nur ein türkischer Popstar hat bisher den internationalen Durchbruch geschafft: Tarkan, geboren im rheinhessischen Alzey, heute mit Wohnsitz in New York. Mit *Come Closer* brachte er 2006 sein erstes Album in englischer Sprache heraus, das sich weniger türkisch anhört, weil es sich am modischen R-‚n'-B-Formatpop orientiert. Wie viel Begeisterung ihm das in der Türkei einträgt, ist noch die Frage. Denn bei aller Neuerung, bei allen Klangexperimenten und Vermischungsprojekten – eines lieben die Musikfans in der Türkei dann doch: die Begegnung mit dem Vertrauten, mag sie auch manchmal überraschend sein. Da wird mitgesungen oder, wie es sogar im feinen Konzertsaal bei Fazil Say vorkommt, schon mal leise mitgesummt. Musik ist ein gemeinsames Erlebnis.

4.

Bei Oya Eczacıbaşı in der Istanbul Modern

Wie die Zivilgesellschaft die schönen Künste fördert

Noch Anfang der neunziger Jahre stieg man durch düstere Gassen zum Galataturm hinab. Spelunken, Kaschemmen, Bordelle, verborgen hinter blinden Fenstern und bröckelnden Fassaden, auch das war Istanbul. Bei der Kunstbiennale 2005 erforschten weltläufige Metropolenkids das Straßengewirr. Man erkannte sie am studentischen Outfit, vor allem aber am Stadtplan in der Hand, auf dem die Ausstellungsstätten rosarot auf grauem Grund eingezeichnet waren: beispielsweise der heruntergewirtschaftete Jugendstilpalast, das längst aufgelöste Tabaklager, das entbeinte Bürogebäude inmitten eines Häuser-, Buden- und Ruinensammelsuriums. Die Biennale führte ihr Publikum zu Wahrzeichen verflossener Herrlichkeit, doch das entdeckte voller Verblüffung noch etwas anderes: nicht Geschichte, sondern erste Anzeichen eines Aufbruchs in einer sich selbst ständig erneuernden Stadt. Auch das ist Istanbul.

Der Eindruck war beabsichtigt. Man konnte diese Biennale, die sich ihr Thema in einem einzigen, unermesslichen Wort vorgab – „Istanbul" nämlich – als eine Art großtechnisch inszeniertes Gesamtkunstwerk begreifen. Da betrachteten die Besucherscharen Objekte, Installationen, Videos, Gemälde, Fotografien, die allesamt das Leben in genau dieser oder zumindest einer vergleichbar wuchernden Megacity umkreisen. Und dabei wurde weiter vorangetrieben, was wiederum die Stadt seit einigen Jahren zunehmend verändert: Ihre Bewohner erobern sich den öffentlichen Raum zurück. Vor allem die international ausgerichtete Elite stellt fest, wie attraktiv das traditionsreiche Quartier zwischen dem Goldenen Horn und dem Bosporus ist. Das Kapital hat darauf nur gewartet. Schon steigen die Preise, und in derselben Straße, in der sich Romafamilien in abgewohnten Mietshäusern drängen, werden Gründerzeitbauten schick und teuer renoviert.

Wirtschaft lebt vom Wandel, die Kultur erst recht. In der türkischen Gesellschaft treiben nicht zufällig beide, Wirtschaft und Kultur, diesen Wandel voran, mitunter auch gemeinsam. Die Istanbuler Stiftung für Kultur und Kunst, kurz IKSV genannt, ist maßgebliche Erfinderin, Initiatorin, Sponsorenwerberin und vor allem Förderin der Biennale. Sie speist ihr Budget vor allem aus privatem Geld, und überhaupt geht ihre Existenz auf private Initiative zurück: 1973 fanden sich 14 Geschäftsleute unter der Federführung des Industriellen Necat F. Eczacıbaşı zur Gründung der Stiftung zusammen. Seither hat die Stiftung der Stadt unzählige internationale, hochkarätig besetzte Festivals beschert: für Theater, klassische Musik, Kunst, Jazz und Film. Viele ausländische Künstler sind auf Einladung der Stiftung erstmals in die Türkei gekommen. Wenn sich die vielfältigen Projekte der Organisation auf einen Nenner bringen lassen, dann auf diesen: Es soll eine moderne, demokratische, wirtschaftlich erfolgreiche Türkei präsentiert werden, zu deren Selbstverständnis ein pluralistisches Kunst- und Kulturverständnis gehört. Und dieses wiederum, so das Kalkül, wirkt auf die Gesellschaft zurück.

So beispielsweise sieht der gesellschaftliche Wandel nach diesem Muster aus: Am Ufer des Bosporus, schräg gegenüber vom Sultanspalast, kann man ihn besichtigen. Früher einmal diente der langgestreckte, unauffällige Kasten, der dort direkt am Wasser steht, der Marine als Lagerhaus für den Zoll. Doch inzwischen werden die meisten Schiffe außerhalb des Istanbuler Stadtzentrums entladen, und in das Gebäude ist das erste

Museum für zeitgenössische bildende Kunst in der Türkei überhaupt eingezogen, die Galerie „Istanbul Modern". Heute ist sie zur Attraktion in den vor wenigen Jahren noch ziemlich schmuddeligen Docklands von Galata avanciert. Über tausend Werke beherbergt das Haus. Die meisten stammen aus den Sammlungen der Familie Eczacıbaşı, die das Projekt initiiert und gemeinsam mit der Kulturstiftung verwirklicht hat. So manches wertvolle Gemälde wie dasjenige des Landschaftsmalers Hoca Ali Rıza, das früher im privaten Esszimmer der Eczazıbaşıs hing, ist nun in dem Museum zu sehen.

Die schönen Künste – auch das manifestiert sich in der repräsentablen Galerie – leben zum ganz entscheidenden Teil von privater Initiative. Sie hat begonnen, eine Lücke zu füllen. Denn der Staat verwaltet zwar seit vielen Jahrzehnten das kulturelle Erbe des Landes, aber für die zeitgenössische Moderne hat er sich lange Zeit nicht zuständig gefühlt, zumindest dann nicht, wenn es um das konsequente Bewahren ging; Förderprogramme wie für den Film oder seit Neuestem auch für die Übersetzung türkischer Literatur in andere Sprachen deuten einen Wandel an. Das nicht-staatliche Engagement greift derweil immer breiter um sich. Unternehmer investieren in Museen, Universitäten oder Forschungszentren, aber auch Einzelpersonen setzen sich in Vereinen und Stiftungen ein. Langsam, aber stetig prägt sich im kulturellen Leben und auch darüber hinaus, im sozialen und politischen Leben, eine Zivilgesellschaft aus. Die Politik registriert, dass sich im Land etwas verändert. Manchmal weiß sie das zu ihrem Vorteil zu nutzen – dann beispielsweise, wenn es ein so schönes Museum wie das Istanbul Modern zu eröffnen gilt.

Etwas hektisch wurde die feierliche Einweihung des Museums auf Anfang Dezember 2004 terminiert. Man hätte auf der Baustelle gut noch ein bisschen Zeit brauchen können, um alles in Ruhe fertigzustellen. Aber die Symbolik ließ solche Bedenken kleinlich erscheinen: Alles starrte wie gebannt auf den 17. Dezember 2004, auf jenen Tag also, an dem die Europäische Union der Türkei offiziell die Beitrittsverhandlungen anbieten würde. In dieser Zeit kam der Regierung ein Festakt mit garantiert schickem weltmännischem Flair gerade recht. Ministerpräsident Recep Tayyip Erdoğan höchstpersönlich weihte das Museum ein, und europäische Regierungschefs wie Gerhard Schröder, Tony Blair und Jacques Chirac schickten Grußbotschaften. Sie würdigten darin den internationalen Anspruch der Türkei. Der deutsche Bundeskanzler stellte die Istanbul Modern sogar in eine Reihe mit dem Museum of Modern Art in New York, der Tate Modern in London und dem Pariser Centre Georges Pompidou. „Wir alle", schrieb Schröder, „können stolz auf diesen neuen Leuchtturm in unserer gemeinsamen europäischen Kulturlandschaft sein."

Wer die Rampe zum Museumseingang hinaufschreitet, das lichtdurchflutete Foyer betritt, um dann die weiträumigen Ausstellungen zur modernen türkischen Kunst und zu wechselnden Schwerpunktthemen zu erkunden, fühlt sich wie in anderen modernen Galerien dieser Welt auch. Es gibt Führungen und ein Kinderprogramm, einen Filmsaal und eine Bibliothek, einen Museumsshop und natürlich ein kunstvoll gestyltes Café – nur dass dessen Ausblick für sich genommen schon ein einzigartiges, typisch Istanbuler Kunstwerk ist: Vor der langen Fensterfront, am Kai gleich unterhalb der Terrasse, hieven ein paar Männer Kisten von einem alten Kahn. Sie sehen aus, als wären sie einem ländlich-sittlichen Gemälde entstiegen. Der Maler hätte sein Bild vielleicht „Hafenarbeiter vor Panorama" genannt. Im Hintergrund glitzert der Bosporus, rechts liegt die asiatische Uferseite, und links gegenüber heben sich die Dächer des Sultanspalastes vom Himmelsblau ab. Der Lärm der Großstadt ist hier fern.

Oya Eczacıbaşı leitet das Istanbul Modern. Die freundlich lächelnde Dame, die ihren Besucher in den auffällig unaufwendig gestalteten Verwaltungsräumen des Museums empfängt, trägt nicht zufälligerweise den Namen der Stifterfamilie. Sie ist die Schwiegertochter des Konzerngründers Necat F. Eczacıbaşı. Er starb 1993 mit 85 Jahren. Der Apothekersohn aus Izmir, der in Chicago, Heidelberg und Berlin Chemie studierte, bevor er Anfang der vierziger Jahre ein pharmazeutisches Labor in Istanbul gründete, hat nicht nur seiner Familie ein florierendes und inzwischen längst weitverzweigtes Unternehmen vererbt. Eczacıbaşı hat auch der Gesellschaft viel hinterlassen: neben kostbaren Kunstschätzen auch die Überzeugung, dass sich die Bürger und allen voran die wohlhabenden unter ihnen selbst um die kulturellen Bedürfnisse im eigenen Land zu kümmern haben. Der Unternehmer hatte die harten Aufbaujahre der Republik von Anfang an erlebt. Als er 1908 geboren wurde, waren die letzten Jahre des Osmanischen Reichs angebrochen, und die Jungtürken übernahmen die Macht. Einer der Leitsätze des patriotischen und zugleich weltoffenen Mäzens war: „Jede Investition in die Künste und in die Kultur ist ein direkter Beitrag zur Entwicklung des Wohlstands eines Landes, zur Wirtschaft, zur Politik und zur gesamten Gesellschaft."

Die Museumschefin Oya Eczacıbaşı wartet gerne mit der Erfolgsgeschichte ihres Hauses auf: In den ersten beiden Jahren kam eine Million Besucher, und auch die weitere Entwicklung ist erfreulich. Es gab 16 Ausstellungen. Das Kinderprogramm stößt auf große Resonanz, sowohl im Museum selbst als auch in den Schulen, zu denen das Museum einen Bus mit Lehrmaterial für den Kunstunterricht schickt. Ein derartiges museumspädagogisches Konzept hatte es in der Türkei bis dahin nicht gegeben. Dass eine private Initiative die staatliche Schulpolitik ergänzt, ist bemerkenswert. Oya Eczacıbaşı, die Kunstmanagement in Istanbul und London studiert hat und heute nebenbei an einer Istanbuler Universität als Dozentin tätig ist, hat es sich zum Ziel gesetzt, Groß und Klein in ihr Haus zu locken. Sie will die gesamte Bevölkerung ansprechen.

Sie will auch Leute für die Kunst gewinnen, die sonst nicht ins Museum gehen. Das Istanbul Modern ist in ihren Augen ein öffentlicher Raum, „ein dynamischer Ort". Diese Vision hebt das Kunstmuseum von den etablierten Museen ab, die sich auf eine ganz andere Klientel eingestellt haben, wie die offiziellen Besucherstatistiken zeigen: vor allem auf Touristen.

Die lächelnde Oya Eczacıbaşı will nicht darüber hinwegreden, dass die Anfänge des Museums gar nicht so einfach waren. Jahre, Jahrzehnte habe man gekämpft. Damals war sie selbst noch bei der Istanbuler Stiftung für Kunst und Kultur tätig. Doch immer wieder schlossen sich die Türen vor ihrer Nase. Sie und ihre Mitstreiter konnten weder die wechselnden Regierungen in Ankara noch die Stadtverwaltung in Istanbul für ihr Projekt gewinnen. Und so scheiterte es immer wieder an der ungeklärten Raumfrage: Alle Liegenschaften, die für ein Museum für moderne Kunst infrage gekommen wären, sind in den Händen des Staates. Doch dort konnte man die Notwendigkeit eines solchen Museums offenbar nicht verstehen, oder man hielt ein solches Projekt für nicht wichtig genug. Es sei schon eine Ironie des Schicksals, fügt Oya Eczacıbaşı hinzu, dass sich unter der islamisch-konservativen Regierung von Recep Tayyip Erdoğan erstmals die Türen geöffnet hätten. Erwartet hatte sie das ganz offensichtlich nicht. Erdoğan hatte noch in den neunziger Jahren als Istanbuler Bürgermeister amtiert. 2002 aber wurde er Ministerpräsident und half dem Vorhaben schon bald auf die Sprünge. Von da an ging alles recht schnell. Heute ist die Kooperation etabliert: Die öffentliche Hand stellt das Gebäude, und die laufenden Kosten des Museums tragen Sponsoren.

Es ist unübersehbar, wie rasch sich in den vergangenen Jahren auch andere privat gegründete Museen etabliert haben. Am Goldenen Horn ist beispielsweise 1994 das Rahmi-M.-Koç-Museum eröffnet worden, benannt nach dem Gründer des größten Wirtschaftsunternehmens der Türkei, des Koç-

Konzerns. Das Museum widmet sich dem Transportwesen und der Technik. Die zweitgrößte türkische Firma, die Sabancı-Holding, hat 2002 in einem der vornehmen Wohnviertel am europäischen Bosporusufer ein Museum für Kunst und Kalligrafie eingerichtet: nämlich in der herrschaftlichen Villa des Unternehmensgründers Hacı Ömer Sabancı, der in den zwanziger Jahren noch ganz bescheiden als Arbeiter und Lastenträger von Baumwollpaketen in Adana angefangen hatte, bevor er später den Grundstein für die Familiendynastie legte. Im kalten Winter 2005/06 zeigte dieses Museum die erste Picasso-Ausstellung in der Türkei. Die Bilder und Skulpturen waren Leihgaben aus Paris, Barcelona und von der Familie des Künstlers. Innerhalb von vier Monaten lockte die aufwendige Ausstellung weit über 200 000 Besucher an, aus Istanbul und auch busladungsweise aus der Provinz. Selbst im Schneetreiben standen die Leute geduldig Schlange. Auch darüber berichteten die Medien euphorisch: ein echtes Kultur-Event! Solche Bilder hatte man in der Türkei bis dahin nur aus dem Ausland gekannt.

Die Sabancı-Holding hat nicht nur in das Museum investiert. Vor Jahren bereits hat sie auch eine Stiftung ins Leben gerufen, die sich sozialen und erzieherischen Projekten widmet. Ende der neunziger Jahre hat sie zudem eine private Universität in Istanbul gegründet, die Sabancı-Üniversitesi. An die 3000 Studenten sind an der angesehenen Hochschule eingeschrieben. Das Studium kostet um die 13 500 Dollar im Jahr. Allerdings gibt es auch Stipendien. Die heutige Konzernchefin Güler Sabancı, eine Großnichte des Gründers, nimmt selbst Anteil am Campusleben. Sie fördert die Wissenschaften, engagiert sich für die schönen Künste und hat dies eine Zeit lang auch jenseits ihres Konzerns getan, da nämlich saß sie mit anderen Wirtschaftsleuten im Aufsichtsrat der Istanbuler Stiftung für Kultur und Kunst.

Gesellschaftliches Engagement und Mäzenatentum gehören in den finanzstarken Kreisen der Türkei zum guten Ton. Auch andere Unternehmen unterhalten Stiftungen. Es fällt auf, dass viele von ihnen in den vergangenen Jahren entstanden sind – so wie insgesamt die privaten Initiativen seit einigen Jahren an Bedeutung gewinnen. Die Istanbuler Stiftung für Geschichte („Tarih Vakfı"), die sich einer kritischen Aufarbeitung der türkischen Geschichte verschrieben hat, hat diese Veränderungen näher untersucht. Anfang der neunziger Jahre habe es um die 2500 Stiftungen gegeben, heute wird ihre Zahl auf 5000 geschätzt. Auch die Anzahl der Vereine, Bürgerinitiativen und Gewerkschaften steigt diesen Angaben zufolge. Die meisten Stiftungen engagieren sich im Sozial- und Bildungsbereich. Auffällig ist die geografische Verteilung der privaten Organisationen: der größte Teil ist in der Region um das Marmarameer ansässig. Diese Gegend ist dichter bevölkert, höher industrialisiert und weiter entwickelt als die übrige Türkei. Von hier aus gehen Impulse für die Entwicklung des gesamten Landes aus. Es ist nicht weiter verwunderlich, dass auch der zivilgesellschaftliche Aufbruch zuerst hier einsetzt.

Hakan Altınay beobachtet diesen Aufbruch schon aus beruflichem Interesse. Er hat in den USA Politik studiert. Mittlerweile ist er Geschäftsführer des Open Society Institute mit Sitz in Istanbul, das wiederum von der international agierenden Soros-Stiftung gegründet wurde. Seit 2001 engagiert sich der amerikanisch-ungarische Investmentbanker George Soros auch am Bosporus. Hakan Altınay fasst die Entwicklung hin zu einem größeren gesellschaftlichen Engagement in der Türkei so zusammen: „Die Elite öffnet der Mittelschicht den Raum." Die Oberschicht habe als erste begonnen, sich für soziale und kulturelle Bedürfnisse einzusetzen. Inzwischen sei auch die städtische Mittelschicht keine passive Bevölkerungsgruppe mehr. „Die Bürger ziehen nach", sagt der Geschäftsführer. Eine Gesellschaft, in der die staatliche Bürokratie eine traditionell starke Position innehat, verändert sich dadurch. Sie reift und wird, wie Hakan Altınay es unüberhörbar hoffnungsvoll formuliert, erwachsen. „Die Gesellschaft beginnt, sich selbst um alle Bereiche des Lebens zu kümmern."

Hakan Altınays Organisation hat sich genau dieser Veränderung verschrieben. Der Name des Instituts ist Programm. Er erinnert nicht zufällig an den von Karl Popper geprägten Begriff der offenen Gesellschaft. Der Philosoph beschrieb damit eine freie Gesellschaft, die vom offenen Austausch der Gedanken lebt – im Gegensatz zu ideologisch festgelegten, geschlossenen Gesellschaften, in denen ein solcher Austausch vom Regime unterdrückt wird und die Freiheit des Individuums somit eingegrenzt ist. George Soros wurde 1930 in einer jüdischen Familie in Ungarn geboren. Die Verfolgung durch die deutschen Nationalsozialisten überlebte er unter abenteuerlichen Umständen. Er ist ein überzeugter Popper-Anhänger. Und auch die Projekte, die der türkische Ableger seiner Stiftung mit jährlich anderthalb Millionen Dollar fördert, arbeiten im Sinne dieses Philosophen. Der Förderkatalog liest sich wie ein „Who is Who" des gesellschaftlichen Engagements in der Türkei: Darunter sind etablierte Istanbuler Institutionen wie die Stiftung für Kultur und Kunst oder das Forschungsinstitut TESEV, das in den vergangenen Jahren einiges Aufsehen mit seinen kritischen Studien erregt hat. Darunter sind aber auch anatolische Projekte für Bildung, Frauenberatung oder zivilgesellschaftliche Vernetzung – klassische NGOs also.

Vom Büro des Open Society Institute aus hat man einen schönen Blick hinüber auf die anatolische Seite – so wie auch von vielen anderen Wohnungen im Vorort Bebek, einem der teuren Viertel auf dem europäischen Ufer des Bosporus. Im Falle dieser Organisation hat die Aussicht freilich auch etwas mit der Ausrichtung zu tun: Man will die Vernetzung mit Projekten in der anatolischen Provinz vorantreiben. Die Kluft zwischen Stadt und Land soll überbrückt werden. In einem Land, in dem sich die städtische Elite genau der anderen Himmelsrichtung zugewandt hat, dem Westen nämlich, und dem Osten den Rücken kehrt, ist das bemerkenswert. Doch die Anfänge sind gemacht, und sie reichen bis in den fernen Südosten der Türkei. Das Open Society Institute fördert auch dort Projekte. Zwei Beispiele zeigen, wie wirkungsvoll seine Arbeit ist.

In dem einen Fall kommt die Initiative aus der Provinz: Im südostanatolischen Diyarbakır, der mit über einer Million Einwohnern größten Stadt in den kurdisch besiedelten Gebieten, hat sich die Frauenorganisation Ka-Mer etabliert. Die Organisation wurde 1997 von Nebahat Akkoç ins Leben gerufen. Die streitbare Lehrerin hatte zu diesem Zeitpunkt bereits einschneidende Erfahrungen in der politischen Arbeit in dieser Region gemacht: Ihr Mann war vier Jahre zuvor ermordet worden, sie selbst drei Jahre zuvor als Vorsitzende der lokalen Lehrergewerkschaft wegen ihrer Berichte über die häufigen Morde an Lehrern verhaftet worden. Nach ihrer Freilassung hat sie begonnen, sich gegen die Gewalt gegen Frauen zu engagieren. Inzwischen hat Ka-Mer Filialen in zwanzig Provinzen eingerichtet. Frauen, die häuslicher Gewalt ausgesetzt sind, können sich an die Organisation wenden. Ihre Mitarbeiterinnen bieten psychologische und juristische Beratung an. Ziel ist es, die Eigenständigkeit der Frauen zu fördern, um so der Macht der oftmals patriarchalisch dominierten Familienstrukturen etwas entgegenzusetzen. Seit ein paar Jahren engagieren sich die Beraterinnen von Ka-Mer auch verstärkt gegen den sogenannten Ehrenmord. Man geht mit Kampagnen in die Offensive. Inzwischen haben sich die anatolischen Frauenrechtlerinnen mit der städtischen Frauenbewegung vernetzt. Gemeinsam betreibt man Lobbyarbeit, um die Rechtslage im Interesse der Frauen zu verändern.

In dem anderen Fall ist die Initiative in Istanbul ergriffen worden, von dem Geschäftsmann Osman Kavala, der in der Nähe des Taksim-Platzes sein Firmenbüro hat. Gemeinsam mit Kollegen hat er im Jahr 2000 die Organisation „Anadolu Kültür" gegründet. Sie finanziert sich aus privaten Spenden, durch

Zuwendungen von Geldgebern wie dem Open Society Institute und – je nach Projekt – auch aus Mitteln der Europäischen Union. Osman Kavalas Initiative hat in Diyarbakır ein Kulturzentrum angeregt. In dem stark politisierten und auch ideologisierten Alltag der Großstadt sollte ein freier öffentlicher Raum zur Auseinandersetzung geschaffen werden. Man hofft, die Konfliktparteien auf kulturellem Feld versöhnen zu können. „Unser Ziel ist", sagt Osman Kavala, „dass Kulturpolitik auch als Mittel zur Sozialpolitik betrachtet wird." In der Zwischenzeit hat sich in Diyarbakır ein reges Kulturleben etabliert: mit Ausstellungen, Lesungen, Filmabenden, Theater und Kunst. Das Zentrum unterstützt auch kurdische Künstler und fördert den Austausch mit Künstlern aus anderen Landesteilen. Es gibt mittlerweile zwei unabhängige Literaturzeitschriften. Kavala stellt fest, dass die anfängliche Skepsis überwunden worden sei. Seine Organisation ist mit dem Kultusministerium im Gespräch. Man hofft, weitere Kulturzentren nach diesem Muster zu eröffnen, beispielsweise in Kars. Ideen gibt es offenbar genug: Keine fünfzig Kilometer von Kars entfernt ist die Grenze zu Armenien. Wie wäre es, wenn die wieder offen und ein Austausch auch zum Kaukasus hin möglich wäre ...

Nach dem Putsch von 1980 dauerte es seine Zeit, bis der türkische Staat seine Haltung gegenüber privaten Initiativen entspannt hatte. Doch dann machte sich die allgemeine Öffnung des Landes, die Ministerpräsident Turgut Özal nach 1983 eingeleitet hatte, auch hier bemerkbar. Die Gesetzgebung wurde freilich erst nach dem Regierungswechsel 2002 gelockert: Seither ist die Gründung von Vereinen und Stiftungen etwas leichter, und dies wiederum hat neue Gründungen stimuliert. Das Istanbuler Büro der Heinrich-Böll-Stiftung ordnet in seinem Jahresbericht von 2004 die Geschichte des zivilgesellschaftlichen Engagements in die allgemeine politische Entwicklung ein: „Seit Mitte der neunziger Jahre ist der Begriff ‚zivilgesellschaftliche Organisation' Mode geworden [...] Dem

Begriff Zivilgesellschaft als Ausdruck aktiver Demokratie mit starker Bürgerbeteiligung wird ein hoher Stellenwert beigemessen. Die Stärkung des Bewusstseins und Engagements in der Bevölkerung mit dem Anspruch, aktiv die Gesellschaft und Politik mitzugestalten, steht hier im Vordergrund." Allerdings stellen die Berichterstatter auch fest, dass vor allem die älteren Bürger aktiv sind, dass die Engagierten eine Minderheit bilden und den näheren Kontakt zur Politik scheuen – „aus Angst, für deren Ziele und Machtstreben vereinnahmt beziehungsweise instrumentalisiert zu werden". Auch die Europäische Union beobachtet, wie sich die zivilgesellschaftlichen Strukturen des Landes verändern. Im Fortschrittsbericht 2006 werden diese Entwicklungen als positiv eingestuft.

Es hat einen weiteren auslösenden Faktor in der noch eher jungen Geschichte des zivilgesellschaftlichen Engagements im Lande gegeben: das Erdbeben vom 17. August 1999. Nachts um drei Uhr bebte die Erde in der westlichen Türkei. Etwa 40 000 Menschen wurden getötet – erschlagen von den Trümmern, erstickt unter dem Schutt. Mehrere hunderttausend Menschen waren vom einen Tag auf den anderen obdachlos. Sieben Provinzen waren von der Katastrophe betroffen. Das gesellschaftliche Nachbeben ließ sich auf keiner Richterskala messen, denn es erschütterte die Menschen in ihrem Glauben an den Staat. Er war mit der Katastrophenhilfe überfordert und zunächst mehr mit sich selbst als mit dem Elend der Menschen beschäftigt. Nach der ersten Sitzung des Krisenstabs hielt es Ministerpräsident Bülent Ecevit für notwendig, die Öffentlichkeit über die vom Beben betroffenen Militärstützpunkte zu unterrichten, statt sogleich die Hilfe des Militärs für die Not leidende Bevölkerung anzufordern. Die Hilfe aus dem Ausland rollte an. Und die Bürger begannen, ihr Schicksal selbst in die Hand zu nehmen. Hakan Altınay, der Geschäftsführer des Open Society Institute, fasst rückblickend zusammen: „Die Menschen erkannten plötzlich, dass sie fähig waren, ihre eigenen Belange zu organisieren. Sie wussten doch gar nicht, wie machtlos der Staat sein kann." Viele Initiativen von damals haben sich längst aufgelöst. Den Bürgern aber bleibt die verblüffende Erkenntnis, dass auch ein Staat, der sich selbst als übermächtig darstellt, hilflos sein kann.

Die zivilgesellschaftlichen Initiativen sind unauflöslich mit der Zeitgeschichte verknüpft. In dem Maße, wie der Staat sich auf sie einlässt, in dem Maße wie der europäische Annäherungsprozess genau diese Öffnung weiter vorantreibt, in diesem Maße greifen auch die globalisierungsgehärteten Gesetze des Wettbewerbs in die weitere Entwicklung der türkischen Zivilgesellschaft ein. Der frühere Präsident der Stiftung für Geschichte, Orhan Silier, beklagt, dass es nach der türkischen Wirtschaftskrise 2001 für bestimmte Organisationen schwieriger geworden sei, Gelder zu akquirieren. Die Unternehmen investierten ihr Geld lieber direkt in eigene Vorhaben – in eigene Museen, eigene Privatuniversitäten, eigene Stiftungen. So lässt sich das Firmenengagement leichter zum eigenen Nutzen, für Werbung und Renommee, einsetzen. Und so lässt sich zudem die Arbeit dieser privaten Initiativen besser kontrollieren. Nicht alle großen Geldgeber wollen sich ihr Leben unnötig schwer machen, indem sie gesellschaftskritische Initiativen unterstützen – seien sie nun im sozialen Bereich oder auch in der Kultur aktiv. Die Stiftung für Geschichte beispielsweise hat in einem Projekt die Geschichtsbücher der Schulen durchforstet. Ihre Auswertung zeigt, wie viele nationalistische oder gar fremdenfeindliche und versteckt rassistische Behauptungen den Schülern wie nebenbei vermittelt worden sind. Es gibt Sponsoren, die wollen mit einer solchen Grundsatzkritik lieber nichts zu tun haben.

Steter Tropfen höhlt den Stein. Bei aller Vorsicht und Skepsis: Viele, die sich in der Türkei auf dem zivilgesellschaftlichen Terrain engagieren, sind voller Hoffnung. Sie ahnen, dass eine Krise ihre Arbeit schnell zunichtemachen kann. Und

Krisen können – wie die Erfahrung lehrt – ziemlich schnell auftreten. Sie wissen aber auch eines: Alle Krisen der Vergangenheit haben nichts daran ändern können, dass sich das zivilgesellschaftliche Engagement immer wieder gerührt hat. Ohne dieses Engagement sähe das Land vermutlich anders aus. Und so schließt dieses Kapitel mit einer kleinen Geschichte, die von Kultur und Versöhnung erzählt:

Nachtblaue Dunkelheit legt sich über Istanbul, und mit ihr breitet sich im Sultanspalast die Stille aus. Die Touristenkarawanen sind abgezogen, Richtung Abendessen und Bauchtanzshow. Jene Besucher, die nun durch das Reichstor des Topkapı Sarayı schreiten, hinein in den ersten Hof der einstigen osmanischen Machtzentrale, tragen keine praktischen Sneakers und Ausflugsrucksäcke, schon gar nicht wirken sie abgekämpft vom Besichtigungsstress, vielmehr umweht sie ein Hauch von Glamour: Herren im Anzug, Damen auf atemberaubend hohen Absätzen, gekleidet in enge Markenjeans oder elegante Kostüme, Bohemiens im Vintage-Lotterlook und ein kosmopolitisches Studentenvölkchen. Istanbuls gebildete Gesellschaft findet sich ein zum Theaterfestival der Stiftung für Kunst und Kultur. In der Irenenkirche, der Hagia Eirene, werden *Die Perser* von Aischylos aufgeführt.

Der Auftakt der Festwochen 2006 könnte symbolgeladener nicht sein. Es ist, als gäben sich die versunkenen Großreiche, die mal in die eine, mal in die andere Himmelsrichtung über den Bosporus vordrangen, ein Stelldichein: Da waren die Perser unter Darius und Xerxes, die sich fünfhundert, vierhundert Jahre vor Christus mit den griechischen Stadtstaaten anlegten; da waren die oströmischen Griechen, die Byzanz fast ein Jahrtausend später zur Blüte brachten, und schließlich die Türken, die Konstantinopel 1453 eroberten. Die Hagia Sophia wurde zur Moschee, nebenan die Hagia Eirene, die Kirche des göttlichen Friedens, zum Waffendepot der Janitscharen. Heute ist die byzantinische Basilika meist verriegelt, wenn sie nicht wie an diesem Abend als Theater dient: für ein Projekt, das die Schlachten der Vergangenheit, all das menschliche Leid und die Katastrophen zum Thema hat.

Der griechische Dramatiker Aischylos schrieb sein Lehrstück über den Krieg vor etwa 2500 Jahren. Die Aussage ist zeitlos. Sie reicht weit über die Perserkriege hinaus bis in unsere Zeit. Sie fordert zur Reflexion aktueller und auch noch immer unverarbeiteter Konflikte auf. Die Hagia Eirene, längst ausgebeint und entweiht, steinerne Zeitzeugin kriegerischen Wandels, ist für eine solche Tragödie die ideale Bühne. Und auch die Besetzung der Aufführung gleicht einem entschiedenen Kommentar: Griechische und türkische Schauspieler treten zusammen auf. Ihre griechische und türkische Totenklage erfüllt das wuchtige Gemäuer, als wäre es das Selbstverständlichste der Welt, dass sich gerade hier die beiden Sprachen zum Chor vereinen. Bis in die fünfziger Jahre des vergangenen Jahrhunderts waren ganze Stadtteile Istanbuls griechisch. Das Vakuum, das die Vertreibung und die darauf folgende systematische Verdrängung hinterlassen haben, schmerzt bis heute.

Kultur kann helfen, Menschen von politischen Feindbildern und Feindschaften zu erlösen. Sie bahnt den Gedanken neue Wege, sie ermöglicht Begegnungen mit dem Fremden, und sie schafft am Ende vielleicht sogar neue Möglichkeiten für das Handeln selbst. Dass dies so ist, beweisen die griechischtürkischen *Perser* von Aischylos in der Hagia Eirene auf ihre Art. Nach neunzig Minuten erhebt sich das Publikum zu Standing Ovations. Es dauert, bis der Applaus abebbt. Und dann beginnen draußen die Diskussionen über das Stück, über die asketische Inszenierung, den expressiven Stil bei der Rezitation. Da ist kein Hauch von Glamour mehr auf dem Heimweg.

5.

Der Leinwandheld Polat Alemdar

Das aufstrebende Kino zwischen
Mainstream und Arthouse

„Ich bin nicht Diplomat, nicht Offizier, ich bin ein Türke!",
verkündet Polat Alemdar, der Held aus *Tal der Wölfe, Irak*, einem der bisher erfolgreichsten türkischen Blockbuster. Wer
hätte daran schon gezweifelt? Alemdar wirkt zwar schmäch-
tig, kaum etwas an ihm erinnert an einen Arnold Schwarzen-
egger oder einen Sylvester Stallone, doch schießen kann dieser stolze Türke mindestens so gut wie sie, nein besser, denn
er streitet für die gute Sache der Nation und gegen all jene, die
ihr schaden wollen. Er ist der Hüter, notfalls auch Rächer der
türkischen Ehre. Er beschützt das Volk, respektiert dessen
Werte und Würdenträger, selbst wenn er von ihren religiösen
Ritualen keine große Ahnung hat. Polat Alemdar ist die Inkarnation des edlen Türkentums. Die großartige Vergangenheit
des Osmanischen Reichs darf gleich mit aufleben, schließlich
sorgt der Filmheld im ehemaligen Herrschaftsgebiet des Sultans auf nordirakischem Boden für Recht und Ordnung. Im
Gefecht gegen den amerikanischen Eindringling sind Türken
und Turkmenen, Kurden und Araber allesamt Brüder, und
Alemdar ist ihr Banner- und Fahnenträger. Das bedeutet sein
Nachname, der eine altmodische, an osmanische Zeiten erin-
nernde Vokabel reanimiert. Wer würde da an Zufall glauben?
   Im Februar 2006 kam *Tal der Wölfe, Irak* in die türkischen
Kinos. Nach wenigen Wochen hatten über vier Millionen Zuschauer den Actionfilm gesehen. Türkische Cineasten räumen
gequält ein, dass bisher kein anderer einheimischer Streifen

innerhalb derart kurzer Zeit so viele Menschen erreicht hat. In den Tagen nach der Filmpremiere standen die Leute Schlange vor den Kinokassen. Große Lichtspielhäuser wie in Istanbul zeigten den Film in mehreren Sälen zugleich. Gewalt zieht immer und überall, nicht nur beim türkischen Publikum. Aber die Ballereien und Blutbäder in diesem Film sind nicht sein einziges Erfolgsgeheimnis. Entscheidend sind auch die Ressentiments gegen die USA, gegen den Westen und seine Interessen im weitesten Sinne. Der verbreitete Groll gegen die amerikanische Großmacht, von der man sich auch in der Türkei unangenehm abhängig fühlt, wird im Plot des Films geschickt ausgeschlachtet. Die Wirklichkeit bietet Stoff genug, um eine Rambogeschichte mit umgedrehten Vorzeichen zu entfalten. Denn wie alle Actionfilme lebt auch dieser von Feindbildern – nur dass es im *Tal der Wölfe* andere Feinbilder als in Hollywood sind.

Die Filmgeschichte beginnt mit einer wahren Begebenheit. Am 4. Juni 2003 verhafteten US-Soldaten im Nordirak elf Offiziere einer türkischen Eliteeinheit. Sie wurden mit Säcken über den Köpfen abgeführt. Dieses Bild hat sich ins nationale Gedächtnis eingebrannt. Mehmet Gül, der frühere Chef des rechtsextremen, ultranationalistischen sogenannten Idealistenvereins in Istanbul, spitzte die Bedeutung des Ereignisses mit den Worten zu: „Der Kapuzenvorfall war unser 11. September." Die meisten seiner Landsleute würden das nicht so drastisch formulieren. Aber auch sie haben den Vorfall, der im Westen gar nicht erst wahrgenommen wurde, als Demütigung der Türkei abgespeichert – nämlich als gezielte Strafaktion der Amerikaner. Wenige Monate zuvor, Anfang März 2003, hatte das Parlament in Ankara entschieden, dass die US-Truppen keine zweite Front gegen den irakischen Machthaber Saddam Hussein und seine Armee von türkischem Boden aus eröffnen durften. Diese Entscheidung der türkischen Politik war mit großen Ängsten verbunden. Man befürchtete, von den USA fallen gelassen, zugleich aber in die Europäische Union nicht integriert zu werden. Seither sind die Beziehungen zu Washington schwierig. Die Mehrheit der türkischen Bevölkerung lehnt das amerikanische Vorgehen im Nachbarland Irak ab.

In diesen heiklen Kontext haben der Regisseur Serdar Akar und der Produzent Tayyar Raci Şaşmaz ihren Film eingebettet. Ihr Held Alemdar will die Demütigung der elf Offiziere rächen. Mit zwei Mitstreitern macht sich der Agent in den amerikanisch besetzten Norden des Irak auf, wo Sam Marshall, der Befehlshaber der US-Truppen, herrscht. Der empfängt seinen türkischen Gegenspieler mit aufreizender Arroganz: „Selbst das Gummi aus euren Unterhosen ist aus Amerika!" Natürlich wird Alemdar den selbstherrlichen, türkenfeindlichen Amerikaner am Ende besiegen. Doch zuvor hat dieser reichlich Gelegenheit, seine Verderbtheit zur Schau zu stellen: In Marshalls Gefängnissen wird gefoltert wie in Abu Ghraib, sein jüdischer Arzt selektiert Iraker für Organspenden wie ehedem der SS-Arzt Josef Mengele die Juden in Auschwitz, und Marshall selbst betet derweil zu Gott und spielt Beethoven auf dem weißen Flügel, um alsbald auf den Balkon seiner Villa zu treten und wahllos Iraker in seiner Nähe zu erschießen – wie der Auschwitz-Kommandant Rudolf Höß im Spielberg-Film *Schindlers Liste*. Im Wolfstal werden alle Register gezogen, um Emotionen hervorzurufen. Die problematische Realität dient nur als Grundlage für die sensationsheischende, aber letztlich völlig unpolitische Zuspitzung. Das Kalkül ging auf, dies zeigte auch der Premierenapplaus der türkischen Politik. Ein Kabinettsmitglied lobte: „Dieser Streifen wird Geschichte machen." Auch so manche Politiker tröstete der Film über dumpfe Ohnmachtsgefühle hinweg: Er sei, hieß es dann auch, eine Art Revanche für den US-Thriller *Midnight Express*.

Türkische Filmemacher und Cineasten mögen es nicht besonders, an solche Geschichten rund um den Film *Tal der Wölfe, Irak* erinnert zu werden. Sie reden lieber über die vielen weitaus besseren Produktionen der vergangenen Jahre. Das ist verständlich. Unter künstlerischen Gesichtspunkten ist der Actionstreifen nicht relevant. Er markiert aber in anderer Hinsicht eine Zäsur.

Zum einen sagt sein Zuschauererfolg etwas über die Stimmung in der türkischen Bevölkerung aus: Man will dort ein Kino nach eigenem Geschmack, man will also auch Rambofilme nach eigenen, nicht von Hollywood vorgegebenen Wertemustern, vielleicht sogar eine Auseinandersetzung mit dem Westen, die Ventilfunktion hat – also Entlastung garantiert.

Zum anderen hat in Deutschland erst Polat Alemdar vielen bewusst gemacht, dass auch am Bosporus massenkompatible Filme produziert werden. Der Erfolg von *Tal der Wölfe* bei jungen Deutschtürken schlug in der Öffentlichkeit heftige Wellen. Die verdrehten Feindbilder wirkten verstörend. Deutsche Politiker, die den Film zunächst nicht einmal gesehen hatten, kritisierten die türkische Ramboversion. Einige forderten sogar ein Verbot. Als Reaktion auf die Proteste setzte die Freiwillige Selbstkontrolle der Filmwirtschaft die Altersbeschränkung für den Actionfilm von 16 auf 18 Jahre hinauf, und die größte deutsche Kinokette Cinemaxx nahm den Streifen aus dem Programm.

Nach zwei, drei Wochen legte sich die Aufregung. Zurück blieb ein unangenehmer Nachgeschmack, aber nicht unbedingt das Bedürfnis, mehr über das türkische Kino zu erfahren. Dabei gibt es viel zu erkunden – und davon erzählen türkische Filmemacher und Cineasten mit Leidenschaft die schönsten Geschichten.

Tatsächlich erlebt die Türkei eine Art Wiederauferstehung ihres Kinos. Seit Ende der neunziger Jahre will man wieder eigene Filme im großen Stil machen. Mit wachsendem Erfolg wird für das einheimische Publikum gedreht. Von Jahr zu Jahr kommen mehr Filme ins Kino. 2003 waren es noch elf, 2006 um die dreißig, 2007 sogar noch mehr. Und in jeder Saison ist mindestens ein Kassenschlager darunter. Es etabliert sich (wieder) eine Filmindustrie. Durchschnittlich 2,5 Millionen Euro werden inzwischen in eine Produktion gesteckt, vorausgesetzt, sie bedient den breiten Publikumsgeschmack. Kein Streifen freilich war bisher so teuer wie *Tal der Wölfe*. Da beliefen sich die Kosten auf 8,4 Millionen Euro. In Hollywood wird für Filme dieses Kalibers weit mehr aufgewendet.

Es gibt also ein türkisches Kino jenseits vom *Tal der Wölfe*. Oder soll man lieber sagen: zwei Kinos? Denn auch in der Türkei existieren zwei Filmwelten nebeneinander. In der einen wird mit zunehmendem Getöse die Unterhaltungsware hergestellt, in der anderen unter oftmals asketischen Bedingungen der Arthouse-Film kultiviert. Ganz und gar unabhängig voneinander existieren diese beiden Welten dennoch nicht. Wo der Markt für die Masse immer besser funktioniert, kann auch das Minderheitenprogramm wachsen. Da ist Geld im Umlauf, Produzenten werden risikofreudiger, und Erfolge führen wiederum zu neuen Ideen und Investitionen. Da sind zudem Grenzgänger unterwegs, die nach neuen Herausforderungen suchen. Ausgerechnet aus dem Fernsehgeschäft erhält der Film inzwischen neuen Input, finanziellen wie personellen. Auch Serdar Akar, der in den neunziger Jahren als Arthouse-Regisseur begonnen hatte und 1999 sogar mit einem seiner Filme in Cannes vertreten war, arbeitete vor den Dreharbeiten zu *Tal der Wölfe* beim Fernsehen. Dabei hat gerade dieses Medium seit den siebziger Jahren zur Krise des türkischen Films beigetragen. So manche Serie in der Flimmerkiste war ein Straßenfeger – und das schon vor 1990, bevor die privaten TV-Sender mit ihrem Programm begonnen haben.

Das ist beispielsweise eine dieser schönen Geschichten, die türkische Cineasten viel lieber erzählen, als über Polat Alemdar zu reden: mit welch hinreißender Komik das neue Kino seinen eigenen Niedergang in der Vergangenheit thematisiert. *Vizontele* heißt der Film über den Siegeszug des *televizyon* (wie Fernsehen auch auf Türkisch heißt), gedreht von dem Regisseur Erdoğan Yılmaz, der diese Zeit selbst als Kind erlebt hat. Man schreibt das Jahr 1974. Es ist das Jahr, in dem das staatliche Fernsehen auf Sendung geht. Nazmi, der Bürgermeister im Dorf Hakkari im äußersten Osten Anatoliens, bekommt einen seltsamen grauen Kasten geliefert. Er weiß, es handelt sich um das neueste Wunder der Technik. Aber wie funktioniert es? Nazmi muss sich nicht nur mit dieser Frage herumschlagen, sondern auch mit dem Gespött seines Gegenspielers, des Betreibers des Open-Air-Kinos, mit dem Geschimpfe des vertrottelten Imams und dem Widerstand seiner energischen, traditionsverhafteten Frau. Als endlich alle vereint vor dem Bildschirm sitzen und zur Abwechslung nicht nur Schneegestöber zu sehen ist, ist dies für den Ortsvorstand kein beglückender Triumph: Sein Sohn, melden die Nachrichten, ist beim Einmarsch der türkischen Truppen in den Norden Zyperns gefallen. Wie festgefroren steht das Bild des jungen Mannes auf dem Schirm, und erstarrt sitzen die Dorfbewohner davor. Fortschritt ist immer zweischneidig. Und auch die letzte Filmszene ist komisch und todtraurig zugleich: Die Bürgermeisterfrau sorgt dafür, dass der Fernsehapparat beerdigt wird, schließlich hat sie ihren Jungen zuletzt in der neumodischen Kiste gesehen.

Erdoğan Yılmaz' Film *Vizontele* kam 2001 in die türkischen Kinos. Mit seinem durchschlagenden Erfolg hatte kaum einer gerechnet. Über drei Millionen Zuschauer begeisterten sich an dieser lebensprallen Komödie, an den beschränkten, aber dennoch liebenswerten Dorfbewohnern und ihren schrägen Dialogen, an den ironisch hingetupften Alltagsszenen und an den stimmungsvollen Bildern vom gottverlassenen hintersten Winkel der Türkei. Ein wenig nostalgisch, doch nicht unkritisch blickt der Regisseur auf die verflossenen Zeiten, als die Menschen noch glaubten, der Nachrichtensprecher könne einem daheim in die Stube gucken. Solche Filme kommen beim türkischen Publikum an. Sie können mit der gefälligen amerikanischen Massenware, die viel zahlreicher in die Kinos kommt, konkurrieren. Mehr noch, der Erfolg der türkischen Filme hat System: Die Menschen wollen sich selbst und ihre eigenen Geschichten sehen. Dieses Phänomen wird angesichts der steigenden Zuschauerzahlen immer deutlicher. Von den fast 35 Millionen Kinobesuchern, die inzwischen in der Türkei jährlich gezählt werden, schaut die Hälfte türkische Filme. Dabei kommen viel mehr ausländische Produktionen ins Kino. Auf diese rund zweihundert Filme verteilt sich die andere Hälfte der Zuschauer. Das sind Relationen wie in Frankreich, dem Land von Truffaut, Chabrol und Co., das sich seiner nationalstolzen Filmkultur rühmt. Anderswo in Europa werden weniger eigene, dafür mehr amerikanische Produktionen konsumiert – bisher zumindest. In Deutschland wächst seit ein paar Jahren der Anteil des deutschen Films.

Was aber ist das Türkische am türkischen Film? Lässt sich sein Erfolgsgeheimnis am Ende lediglich damit erklären, dass die amerikanischen Blockbuster ohne Synchronisation, nur mit türkischen Untertiteln in die Kinos kommen? Und das in einem Land, in dem die breite Masse kein Englisch versteht? Da mag etwas dran sein. Doch mit diesem Hinweis lässt sich nicht alles erklären. Fragt man Regisseure, Schauspieler, Filmverleiher oder auch Zuschauer, erhält man erstaunlich oft ein und dieselbe Antwort: Das Besondere am türkischen Film sei der Humor. Satire hat in der Türkei Tradition. *Meddah* nannte man etwa die alleinunterhaltenden Lobredner im Osmanischen Reich, die vor ihrem Publikum in Kaffeehäusern auch mit Spott über die allgemeinen Zustände nicht sparten. Auch im Film schlägt dieses Vergnügen am Witz deutlich durch. Große (männliche) Schauspieler wie der 1941 geborene Şener Şen und vor allem Kemal Sunal (1944–2000) verdanken ihren Ruhm nicht zuletzt den komischen Rollen, in denen sie zu sehen waren. Alte Klamotten wie *Der König der Müllarbeiter* mit einem singenden Sunal in der Hauptrolle scheinen unvergänglich zu sein; sie finden sich bis heute in den Videotheken, auch in Deutschland. Und auch neue Mainstream-Filme verzichten nicht auf kalauernden Witz, saftige Pointen und ironische Anspielungen, selbst wenn sie sich in der Machart amerikanisieren und zunehmend am internationalen Markt orientieren.

Erobert freilich hat das türkische Kino den internationalen Markt noch nicht. Das mag auch an den Themen liegen. Das Unterhaltungskino lebt von Abenteuer und Action, von Liebe und Liebesleid, von Klamaukgeschichten im Stil der *Feuerzangenbowle*: *Hababam Sınıfı* („Die chaotische Klasse") ist zum Dauerbrenner mit gleich mehreren Fortsetzungsfilmen avanciert. Zugleich sind viele erfolgreiche Filmgeschichten in einen spezifisch türkischen Kontext eingebettet. Es geht um Landflucht und Verstädterung, um Identitäts- und Generationenkonflikte, um Tradition und Modernisierung, um soziale Ungleichheit und andere Ursachen für Kriminalität. Da erzählt Mustafa Altıoklar in *O şimdi Asker* („Er ist jetzt Soldat", 2003) von türkischen Rekruten, die einen Kurzwehrdienst ableisten, und prompt bricht eine kriegerische Auseinandersetzung zwischen der Türkei und Griechenland um einen Felsen im Meer aus. Da spitzt Osman Sınav in *Deli Yürek* („Wildes Herz", 2001) die Lage im kurdisch besiedelten Osten, genannt Mesopotamien, zum propagandistischen und ziemlich erfolgreichen Actionstreifen zu, in dem der Staat gut, die politischen Kräfte von außen, die Hisbollah und allen voran die CIA, böse sind. Da erzählt Atif Yılmaz, der Altmeister des türkischen Kinos, in *Eğreti Gelin* („Die Pseudobraut", 2004) eine Geschichte aus der noch jungen türkischen Republik: Ali soll die keusche Nachbarstochter heiraten, hat aber von Sex keine Ahnung, weshalb man ihm – gemäß alter, männlich geprägter Sitte – eine junge, aber erfahrene „Braut auf Zeit" verschafft, und prompt verlieben sich die beiden. Sogar ein islamisches Kino bildet sich inzwischen heraus.

Die Regisseure tasten sich in den populären Filmen immer näher an die schmerzhaften Themen des Landes heran, das fällt auf. Sie umschleichen sogar die Militär- und Putschgeschichte. Der Regisseur Cağan Irmak hat bewiesen, dass man auch mit einer Story, die sich um den einschneidenden dritten Militärputsch am 12. September 1980 rankt, dem Blockbuster *Tal der Wölfe* ordentlich Konkurrenz machen kann. Mit *Babam ve Oğlum* („Mein Vater und mein Sohn") gelang es ihm, die türkische Seele zu berühren. Wochenlang lief Anfang 2006 die tragische Geschichte in den Kinos, und schließlich hatten diese Low-Budget-Produktion auch über vier Millionen Türken gesehen. Irmak erzählt von Sadık, von dessen Sohn und auch dessen Vater, und er erzählt damit auch von der Unfähigkeit der Generationen, über die Vergangenheit zu reden, und von der einzigen Hoffnung, dass sich dies durch die Nachgeborenen ändert. Programmatisch beginnt der Film mit der dramatischen Geburt des Kleinsten: Sadık wird Vater, doch seine Frau stirbt auf dem Weg zur Klinik, weil niemand da ist, um bei der nächtlichen Notentbindung irgendwo am Rand einer Istanbuler Straße zu helfen: Es herrscht Ausgangssperre. Jahre später kehrt Sadık zurück ins Dorf zu den Eltern. Er ist ein Gezeichneter, der für seine politischen Ideale gefoltert wurde. Doch sein alter Vater will und kann ihn nicht verstehen. Nur dank Sadıks Sohn erkennen die beiden, dass sich die Sprachlosigkeit überwinden lässt. Das Publikum war zu Tränen gerührt – und zwar derart, dass dem Regisseur schon angst und bange wurde. Er fürchtete, man werde ihm unterstellen, die Gefühle der Menschen auszubeuten.

Der Film hat in vielen türkischen Familien heftige Debatten ausgelöst. Nachgeborene, die Kinder der achtziger Jahre, die von ihren Eltern häufig in politischer Ahnungslosigkeit großgezogen worden sind, fühlten sich plötzlich mit der Realität konfrontiert. „Warum habt ihr uns davon nichts erzählt?", fragten sie ihre Eltern angesichts der schockierenden Ein-

stiegsbilder von der Geburt: Die Mutter liegt tot am Straßen-
rand, der Vater hält das Kind in den Armen. Am Morgen wird
er von Soldaten aufgegriffen, ins Gefängnis geworfen und wegen seines politischen Engagements gefoltert. Cağan Irmak,
Jahrgang 1970, legt Wert auf die Feststellung, keinen Film
über den Putsch gemacht zu haben. Aber auch für ihn war der
Staatsstreich ein Einschnitt. Er hat Bilder von damals im Kopf,
beispielsweise wie sein eigener Vater zum Verhör abgeführt
wurde. Der Regisseur, der bisher für die Unterhaltungspro-
gramme des Fernsehens gearbeitet hat, hat viel recherchiert
und weiß, dass man der Putschgeschichte anders zu Leibe
rücken muss, um ihren gesellschaftlich tiefgreifenden Folgen
gerecht zu werden. Einige Filme wie *Sis* („Nebel", 1989) von
dem Liedermacher und Autor Zülfü Livaneli oder auch *Eylül
Fırtınası* („Septembersturm", 2000) von Atif Yılmaz erzählen
auf beklemmende Weise von dieser Zeit. Aber am türkischen
Massenpublikum sind sie zumeist vorbeigegangen. Nicht
wenige Zuschauer halten deshalb *Mein Vater und mein Sohn*
für den ersten Film zu diesem Thema. 2007 folgte der nächste
mit Erfolg: *Eve dönüş* („Heimkehr") von Ömer Uğur. Darin ist
übrigens die deutschtürkische Schauspielerin Sibel Kekeli in
einer Hauptrolle zu sehen.

Die verzerrte Wahrnehmung sagt etwas über die zeitgenössische Geschichte des Landes aus, aber auch etwas über
die Geschichte des türkischen Films. Die allgemeine Aufmerksamkeit für seine Produktionen nimmt zu, ebenso die Bereit-
schaft der Macher und auch des Publikums, sich mit schwie-
rigeren Stoffen zu befassen. Auf diese Weise stabilisiert und
diversifiziert sich das Revival des türkischen Films. Der Beginn dieser Wiederbelebung wird allgemein auf 1996 datiert.
In jenem Jahr kam Şener Şen in der Hauptrolle des Films
Eşkiya („Der Bandit") auf die Leinwand: Şen rührte die Massen. Über 2,5 Millionen Menschen strömten ins Kino. Damals,
Mitte der neunziger Jahre, hätte es keiner für möglich gehal-

ten, dass sich die daniederliegende Filmproduktion jemals er-
holen würde. Die goldenen Zeiten des Films waren, so schien
es lange, aus und vorbei. Und viele wissen gar nicht einmal,
dass es sie gegeben hat.

Der Beginn des türkischen Films wird auf den 14. November
1914 datiert. Sechs Jahre nachdem die ersten Lichtspielhäuser
eröffnet worden waren, drehte Fuat Uzkınay, ein Offizier der
osmanischen Armee, den ersten Film: Auf 150 Metern dokumentierte er die Zerstörung eines russischen Denkmals in dem
Istanbuler Stadtteil Yeşilköy. Diese Sprengung galt als eine nationale Angelegenheit, denn das Monument, das eine Art Grab-
mal für die gefallenen russischen Soldaten war, erinnerte an
den verlorenen Krieg gegen Russland 1877/78. Später wurde
Uzkinay Dokumentarfilmer. 1922 entstand die erste private Pro-
duktionsfirma, unter der Federführung von Muhsin Ertuğrul,
der die Filmszene jahrelang prägen sollte. Eines seiner ersten
Werke war die Verfilmung des Romans *Ateşten Gömlek* („Flammenhemd"), in dem die Atatürk-Weggefährtin Halide Edip
Adıvar den Unabhängigkeitskrieg bis zur Verkündung der Republik beschreibt. Bis in die sechziger Jahre hinein entstanden
vor allem Filmoperetten, Komödien und Melodramen. Erst in
dieser Zeit begann sich ein neuer Stil durchzusetzen, der neue
Realismus. Diese Zeit verbindet sich mit Namen wie Atif Yılmaz
und bald auch mit Yılmaz Güney, der 1965 seinen ersten Film
drehte: *Pferd, Frau und Waffe*. Auch international wurde man
erstmals auf den türkischen Film aufmerksam: 1964 erhielt
Metin Erksam für seine Literaturverfilmung *Susuz yaz* („Der
trockene Sommer") den Goldenen Bären der Berlinale.

Yeşilcam, der Name einer Straße in Beyoğlu, war in dieser
Zeit zum Synonym für die aufblühende Filmbranche gewor-
den, denn dort saßen die Produktionsbüros. Und dieses Yeşil-
cam, das türkische Hollywood, warf um die zweihundert
Filme im Jahr auf den Markt, manchmal sogar noch mehr.
Man profitierte von einer gesellschaftlichen Entwicklung: von

der Verstädterung, die in den fünfziger Jahren ihren Anfang genommen hatte. Diesen wachsenden Menschenmassen bot das Kino leicht konsumierbare Unterhaltungsware. Das Produktionssystem rotierte, schließlich lief es auf Hochtouren. Auch türkische Gastarbeiter in Deutschland sahen die Filme aus der Heimat. Bis 1974. Da wurde die Maschinerie jäh abgebremst. Das Fernsehen eroberte den Markt. Und politisch zunehmend schwierig waren die Zeiten zudem. Die Branche versuchte, sich mit Erotikfilmen über Wasser zu halten – um die Konkurrenz des Fernsehens zu überleben, aber auch, um die Eingriffe der Zensur zu umgehen, deren Richtlinien sich an den Vorschriften aus dem faschistischen Italien von 1938 orientierten. Von den fast zweihundert Filmen, die 1979 produziert wurden, waren 131 Softpornos. Zerrin Egeliler, eine der einschlägigen Darstellerinnen, war in jenem Jahr allein in 37 Filmen zu sehen. Nach dem Militärstreich 1980 war es auch mit den Erotikfilmen vorbei. Die Branche schrumpfte drastisch. Jahrelang war sie wie gelähmt.

Es gleicht einer Ironie des Schicksals, dass der türkische Film ausgerechnet in dieser schlimmsten Zeit international zum Begriff wurde: 1982 holte Yılmaz Güney mit *Yol* („Der Weg") die Goldene Palme in Cannes, zusammen mit Constantin Costa-Gavras, der für *Missing* ausgezeichnet wurde. *Yol* war während der beiden Jahre zuvor entstanden – und allein diese Produktionsgeschichte gleicht einem Abenteuer, denn Güney saß in Haft. Er hatte im September 1974 einen Richter in einer Bar erschossen und war zu 24 Jahren Gefängnis verurteilt worden. Von der Zelle aus hatte er bereits die Dreharbeiten für mehrere Filme dirigiert, als das Militär am 12. September 1980 putschte und Güney sich an das Drehbuch von *Yol* machte. Sein Regieassistent Şerif Gören setzte es bei heimlichen Dreharbeiten in der Türkei um. Güney gelang schließlich die Flucht aus dem Gefängnis. Auch das Negativmaterial konnte er retten. Im Schweizer Exil stellte er den Film fertig, und ein halbes Jahr später wurde *Yol* bei den Filmfest-spielen bejubelt. Was für Kontraste: Fatoş Güney, seine Frau, erinnerte sich später an die Rückfahrt aus dem mondänen Cannes – das Ehepaar hatte kaum das Geld für ein Taxi.

Yol zeigt die schier unvorstellbare Welt, der Güney entkom-men war: Eine Welt, in der das Gefängnis schon fast einem Schutzraum gleicht, weil das Leben draußen viel schlimmer ist. Die fünf Helden des Films treten ihren Hafturlaub an. So beginnt der Film. Noch freuen sie sich, weil sie nicht wissen, in welchem Zustand das Land seit dem 12. September ist. Ei-ner von ihnen ist Seyit Ali, gespielt von Tarık Akan, einem der großen Schauspieler der Türkei, der inzwischen selbst ins Regiefach gewechselt hat und an einem Film über den Putsch arbeitet. Ali muss bis in den Osten fahren, weil dort seine Frau und sein Sohn leben. Es ist ein furchtbares Wiedersehen: Seine Frau vegetiert seit acht Monaten im Stall dahin, festgekettet, bei Wasser und Brot. Sie habe, sagt die Familie, sich im Bordell verdingt und allen Schande gebracht. Seyit soll sie töten, so will es die Sippe, die sich auf die Tradition und auf Allah be-ruft. Seyit fühlt den Zwang, der auf ihm lastet, aber er empfin-det auch Gefühle für die Mutter seines Sohns. Er will sie aus dem tief verschneiten Bergdorf zu seinem Bruder bringen, doch auf der Wanderung durch die eiskalte Hölle wird klar, dass seine Frau nicht überleben wird. Getrieben von Hoffnung und gepeinigt von Angst schleppt er die Sterbende durch den Schnee. Am Ende kehrt er als gebrochener Mann ins Gefängnis zurück. Auch die anderen Männer erleben Furchtbares. Einer stirbt durch einen Schuss seines Schwagers – Blutrache. Wo nicht der Staat den Menschen die Luft zum Atmen nimmt, er-ledigen das die Menschen untereinander selbst.

Yol ist der wuchtvollste Film, den der politisch links enga-gierte Regisseur kurdisch-alevitischer Abstammung gemacht hat. Er starb 1984, mit 47 Jahren, in seinem Pariser Exil an Magenkrebs und liegt auf dem Friedhof Père Lachaise begraben – ausgebürgert und auf lange Zeit verfemt. Güney ist nicht der einzige berühmte Künstler der Türkei, dem das widerfuhr. Ein Schicksalsgenosse ist der berühmteste moderne türkische Poet Nazım Hikmet. Sein Grab ist in Moskau. Heute stehen seine Lyrikbände in allen Buchländen, und auch Güneys Gesamtwerk ist in der Türkei zugänglich. Die letzten noch indizierten Filme wurden Ende der neunziger Jahre freigegeben. Für die nachwachsenden Generationen des türkischen Films setzt Yılmaz Güney bis heute Maßstäbe. Es ist, als sei dies ein heimliches Erbe des großen Regisseurs: Das Autorenkino, der politisch engagierte, künstlerisch anspruchsvolle Film hat sich nach der Militärzeit als Erstes erholt – Jahre bevor sich das Wunder des neuen populären Unterhaltungskinos überhaupt am Horizont abgezeichnet hat. „Jeder", stellt ein erfolgreicher Filmverleiher heute im Rückblick treffend, wenn auch mit leisem Sarkasmus fest, „wollte ein zweiter Yılmaz Güney sein."

Idole können die Richtung weisen, aber sie können jene, die ihnen nacheifern, auch fesseln. Spätestens dann ist es an der Zeit, sich von ihnen zu emanzipieren. Das türkische Arthouse-Kino hat inzwischen einen neuen, spannenden Weg eingeschlagen. Es stellt einen wichtigen Anteil an der heimischen Filmproduktion. Aber wie in vielen anderen Ländern auch werden seine Geschichten nur von einer Minderheit dezidierter Cineasten angeschaut. Die Macher dieses Arthouse-Kinos sind Ästheten und kompromisslose Puristen. Seit einigen Jahren wird die Szene dominiert von Namen wie Nuri Bilge Ceylan, Zeki Demirkubuz, Derviş Zaim, Reis Çelik, Semih Kaplanoğlu und auch Yeşim Ustaoğlu. In vielen Fällen sind diese Regisseure ihre eigenen Produzenten, Kameramänner, Lichtsetzer, manchmal sogar Schauspieler. Gedreht wird – erzwungenermaßen – mit geringem, aber effektivem Finanzeinsatz, oftmals auch in Koproduktion mit europäischen Partnern, um sich so auch europäische Filmfördermittel zu erschließen. Die Filme dieser Regisseure laufen erfolgreich bei internationalen Wettbewerben. So holte Nuri Bilge Ceylan 2003 die zweite Goldene Palme für einen türkischen Film, für *Uzak* („Ferne"), und auch 2006 war Ceylan wieder mit einem Film in Cannes vertreten. Sein getragen erzählter Beitrag *Iklimler* („Jahreszeiten") galt bis zuletzt als chancenreich. Aber auch diese Erfolge haben die Sehgewohnheiten des Publikums nicht beeinflussen können: Nuri Bilge Ceylan hat in Frankreich mehr Zuschauer als in der Heimat.

Dabei erzählt auch er Geschichten, wie alle im Land sie kennen: Geschichten von der Entfremdung und Entwurzelung in einer sich rabiat verändernden Gesellschaft. Doch wo die Regisseure der populären Filme viel Herzblut fließen lassen, bleibt Ceylan kühl und distanziert. Er nimmt nicht teil am Trubel, stürzt schon gar nicht von Pointe zu Pointe, sondern beobachtet und analysiert. Unerschrocken tastet er die Regungen seiner Filmhelden ab, legt ihre Schwächen bloß, leuchtet ihre seelischen Abgründe aus, zerrt ihre bösen Gedanken ans Tageslicht. Und er untersucht die Verbindungen, die diese Menschen zu anderen haben und nicht zuletzt auch zu sich selbst, um immer wieder auf eine beklemmende Leere zu stoßen. Seine Kamera gleitet nicht schnell über diese Zustände hinweg, sie hält auch fest, was man nicht so gerne zur Kenntnis nehmen will. Nuri Bilge Ceylans Charaktere sind Geschöpfe ohne Halt und ohne Ziel. Ihr Umfeld ist voller Ungewissheiten, die Menschen spüren die Bedrohungen, aber sie erwarten keine Errettung mehr. Die psychologisierende Annäherung lässt sich auch als gesellschaftspolitischer Kommentar lesen, so wie in seinem preisgekrönten Film *Uzak*, der sich mit den Folgen der Verstädterung beschäftigt, wenn auch reduziert auf ihren ureigensten Kern, auf die Begegnung zweier unterschiedlicher Menschen, von denen sich jeder durch den anderen bedroht fühlt, ohne ihn wirklich zu kennen oder gar zu verstehen.

Mahmut ist Fotograf und lebt in Istanbul. Beruflich laufen die Dinge nicht so gut, wie sie sollten, und auch privat ist die

Krise längst zum Alltag geworden. Die Trennung von seiner Frau hat Mahmut nicht bewältigt, alles erscheint im Rückblick als ein großer Fehler, auch die Abtreibung des einzigen Kindes. Er betäubt seinen Schmerz, schaut Pornos an und schläft mit einer verheirateten Frau. Doch dann bricht Yusuf in sein trostloses Leben ein. Der junge Mann ist vom Dorf, ungebildet, ungehobelt, unsensibel. Er macht sich breit, nicht nur in Mahmuts Wohnung. Eine Annäherung der beiden wird von Tag zu Tag unmöglicher. Keiner ist bereit oder auch nur in der Lage, die Erwartungen des anderen zu erfüllen. Der Fotograf empört sich über die Anspruchshaltung des Dörflers, der in der Stadt alle seine Wünsche zugleich erfüllt haben möchte. Und Yusuf wiederum spürt, wie ihn der andere mit allen Mitteln ausgrenzt und ihm am Ende sogar voller Groll die Verantwortung für die eigenen Fehler zuschiebt. Doch die unterschwellige Wut hat mehr mit Mahmuts eigener Unzufriedenheit zu tun. Der Dörfler erinnert ihn an seine eigene Herkunft, an das, was er selbst so lange verschämt hat verdrängen wollen.

Wie das Mainstream-Kino hat auch das türkische Arthouse-Kino eine sehr breite Themenpalette, und auch sie ist eindeutig türkisch eingefärbt. Nur dass die Fragen, die die Menschen in dem Land beschäftigen, und auch die Tabus, die sie belasten, auf sehr ernsthafte und eindringliche Weise abgehandelt werden. Vielfach werden fremde Lebenswelten erkundet. In Ugur Yücels aufsehenerregendem Regiedebüt *Yazı Tura* („Kopf oder Zahl", 2005) etwa, einem Film, der die Geschichte zweier junger ehemaliger Soldaten erzählt – und damit gleich mehrere Tabus bearbeitet: den militärischen Einsatz im Südosten und seine katastrophalen Folgen für die Beteiligten, die Misswirtschaft und die Korruption und sogar die Homosexualität in einem von männlicher Dominanz geprägten System. Oder in Erkan Cans erstem Kinofilm *Takva* („Gottesfurcht", 2006), der die inneren Konflikte eines strenggläubigen Muslims schildert, der sich zwischen Religion und Moderne hin- und hergeschleudert sieht; Can, der sich selbst als Atheist bezeichnet, hat für diese Produktion die sonst eher abgeschotteten Istanbuler Derwisch-Orden erkundet. Oder in Yeşim Ustaoğlus Film *Güneşe Yolculuk* („Reise zur Sonne", 1999): Da lernen sich ein Türke und ein Kurde in Istanbul durch Zufall kennen, sie freunden sich an, doch sehr bald dringt die politische Wirklichkeit in ihr Leben ein, der Kurde wird getötet, und der Türke will seinen Leichnam überführen. Auf der Reise ins Dorf seines Freundes tief im Osten wird ihm das Schicksal der Kurden klar. Yeşim Ustaoğlus Film war der erste, in dem Kurdisch gesprochen wurde, der erste, der das Dilemma dieses Landes so deutlich sichtbar machte und dennoch nicht verboten wurde.

Inzwischen wird in einigen Filmen Kurdisch geredet, sogar im Actionstreifen *Tal der Wölfe, Irak*. Die Avantgarde macht den Weg frei, auch für die Produzenten des Popcornkinos. Und so unterschiedlich man die Themen anpackt, so unterschiedlich man denkt, so hängt man doch zusammen und auch immer wieder voneinander ab. Manchmal lässt sich das auch im richtigen Leben spüren. Einer dieser Momente war am 7. Mai 2006 zu erleben, als Atif Yılmaz, der Altmeister des türkischen Films, zu Grabe getragen wurde. Die türkische Welt des Films hatte sich zur Trauerfeier im Emek-Kino in Istanbul-Beyoğlu versammelt und machte einen ziemlich verlorenen Eindruck – so, als hätte sie ihrer aller großer Bruder verlassen. Die Zeitungen widmeten ihm die Schlagzeile auf der ersten Seite, und auch im Innenteil waren ausführliche Berichte über den 1926 geborenen Regisseur zu lesen, der viele junge Talente, auch Yılmaz Güney, gefördert hatte. 115 Produktionen tragen seine Handschrift. In seiner Schaffenszeit, seit Beginn der fünfziger Jahre, hatte er für kontinuierliche Qualität in der wechselhaften Filmgeschichte seines Landes gesorgt. Mit Atif Yılmaz' Tod sei eine Ära zu Ende gegangen, erklärte der bekannte Schauspieler Tarık Akan. Wie es scheint, hat die neue schon begonnen.

6.

Elif Shafak schreibt gegen den Vaterkult an

Der Aufbruch der Frauen, im Leben und in der Literatur

Blondes Lockenhaar, zarter Teint, helle Augen, groß gewachsen und gertenschlank – nicht nur auf vielen Fotos hat Elif Shafak etwas Transluzent-Ätherisches an sich, sondern auch, wenn man ihr im wirklichen Leben begegnet. Man könnte fast meinen, sie schwebe auf einen zu. In einem solchen Moment sieht die junge Schriftstellerin ziemlich genau so aus, wie es die Bedeutung ihres Namens erwarten lässt: „Shafak" wie „Morgendämmerung". Es ist ihr selbstgewählter Autorenname.

Doch die feenhafte Anmutung verflüchtigt sich schnell, und mit ihr die Assoziation des Namens. Klar, konzentriert und meinungsstark formuliert die Schriftstellerin ihre literarischen und gesellschaftlichen Grundsatzpositionen. Zielgenau setzt sie ihre Sätze. Keine Frage, Elif Shafak beherrscht die Worte. Und kein Zufall: Elif, diese Vokabel aus dem Arabischen, bezeichnete früher einmal den ersten Buchstaben des Alphabets, des Grundrohstoffs der Sprache.

„Ich bin gerne viele", hat Elif Shafak einmal gesagt. Schon der Name weist auf das Multiple und zugleich Changierende ihrer Persönlichkeit hin: Zur Fee und zur Sprachkünstlerin gesellt sich die Muttertochter. Shafak, das ist zudem der Vorname ihrer Mutter, die ihre Tochter als alleinerziehende Diplomatin im Dienste Ankaras vor allem im europäischen Ausland großgezogen hat. Jahrelang kannte Elif Shafak, die 1971 in Straßburg geboren wurde, die Türkei vor allem von Besuchen.

Elif Shafak hat eine sehr eigene Art, ihre Lebenserfahrungen mit ihrer Literatur und mit ihren politischen Leitlinien zu verknüpfen. Die Geschichte der vaterlosen Kindheit findet in diesem großen Dreieck einen zentralen Platz. Shafaks Eltern trennten sich, als das Einzelkind noch im Babyalter war. Einige Jahre später wurden die beiden vor Gericht geschieden. Heute sind gescheiterte Ehen auch in der Türkei nichts Ungewöhnliches mehr, vor allem in den Großstädten. In den siebziger Jahren freilich war das völlig anders. Eine geschiedene Frau wurde von der Gesellschaft wie eine Witwe behandelt. Es galt, sie mit vereinten Kräften zu kontrollieren und in ihrer womöglich subversiven, gefährlichen Freiheit zu beschränken. Elif Shafak erlebte den Kampf ihrer Mutter um Existenz und Anerkennung. Sie spricht davon voller Respekt. Diese Erfahrung damals hat sie geprägt: „Von klein auf habe ich beobachtet, wie tief verwurzelt geschlechtsbezogene Vorurteile sind."

Den Vater hat Elif Shafak über viele Jahre hinweg nur zweimal gesehen, und da war sie 18. Wo andere einen Vater spüren, da gab es in ihrer Kindheit eine große Leerstelle. Sie musste lernen, mit diesem Vakuum klarzukommen. Sie beweinte den abwesenden Vater, dann hasste sie ihn – und schließlich schob sie ihn beiseite. Sie hatte eine entscheidende Einsicht gewonnen: „Ich bin davon überzeugt, dass diese Leerstelle von Anfang an einen großen Unterschied bewirkt hat. Er hat mich auf gewisse Weise unabhängig gemacht. Ich musste nie um die Erlaubnis eines Vaters bitten. Im Gegensatz zu so vielen anderen in der Türkei war für mich diese Vaterfigur nie ein Bezugspunkt." Auch als Schriftstellerin ist sie zum Vater auf Distanz gegangen. Sein Name steht zwar in ihrem Pass, aber sie benützt ihn nicht. In der Literatur und darüber hinaus ist sie Elif Shafak. Eine kleine Abweichung gibt es: Die türkische Schreibweise ist Şafak.

Mit der Bedeutung versagender Väter setzt sich die Mittdreißigerin auch in ihren Büchern auseinander – beispielsweise in dem Roman *Baba ve piç* („Vater und Bastard"), der seit März 2007 in der deutschen Übersetzung unter dem Titel *Der Bastard von Istanbul* vorliegt. In der Türkei ist er im Jahr davor schnell zum Bestseller avanciert – vielleicht auch, weil er aufrüttelt und schockiert. Schon *piç*, das Wort für Bastard, ist ein verpönter Ausdruck, und dann ist auf dem Cover auch noch ein aufgeschlitzter, saftig glänzender Granatapfel zu sehen, in dem man unweigerlich eine Vagina erkennt. Es gab Buchhändler, die wollten den Roman darum nicht verkaufen oder in die Auslage legen. Sie hatten Angst, die Kunden zu verprellen. Die Vieldeutigkeit des Titelbildes war durchaus beabsichtigt. In vielen östlichen Kulturen, nicht nur in der türkisch-anatolischen, ist der Granatapfel ein Symbol für die Fruchtbarkeit. Er weist in den Augen der Autorin auch auf weitere brisante Themen des Buches hin: auf die Vielfalt der Kulturen im Osmanischen Reich, auf die Armenierfrage – und zudem auf das besondere Inzesttabu in einer patriarchalisch durchwirkten Gesellschaft. Das ist viel auf einmal, doch es fügt sich.

Und zwar folgendermaßen: Da ist die türkisch-muslimische Familie Kazancı in Istanbul, deren vier unterschiedliche Schwestern gemeinsam das Inzest-Kind der jüngsten aufziehen. Und da ist die armenische, ebenfalls weiblich dominierte Diasporafamilie Tchakhmakhchian in den USA, deren Schicksal sich mit dem der Istanbuler Familie verknüpft. Bei allem Trennenden ist eine Gemeinsamkeit unübersehbar: Es sind die Frauen, die in diesem Roman die schmerzhaften Geheimnisse im Herzen bewahren – die kleinen und die großen Geheimnisse, jene der Familie und jene der ganzen Gesellschaft. Und die Frauen sind es auch, die am Ende der Geschichte begreifen, dass man seiner Vergangenheit nicht einfach entrinnen kann, wenn man die Gegenwart meistern möchte. Die Männer hingegen haben sich dieser Erkenntnis nach Leibeskräften verweigert. Deshalb sind sie allesamt gescheitert, zerbrochen, gestorben – so schlimm kann das kommen in einem Roman.

Man weiß, wie schwierig es in der Türkei jahrzehntelang war, über das Schicksal der Armenier im Jahre 1915 zu sprechen. Doch das Tabu ist brüchig geworden, und längst füllen neue Debatten diese Risse aus. Es ist dagegen noch immer sehr heikel, sexuelle Tabus anzutasten. In ihrem Roman schreckt Elif Shafak nicht davor zurück. Und im Gespräch wird sie sehr deutlich. „Dieses Buch", sagt sie in ihrem sanften und doch unnachgiebigen Ton, „kritisiert die patriarchalische Gesellschaft. Ihre sexistischen Strukturen gehören aufgedeckt. Wir müssen die türkische Vaterkultur infrage stellen – dieses Bedürfnis, überall eine Vaterfigur haben zu wollen: im Sport, in der Literatur, im Staatswesen. Da soll es ein autoritärer Vater sein, denn so gehört es sich für einen Vater. Diese Erwartungshaltung müssen wir verändern. Nur so können wir unsere Demokratie entwickeln." Prompt landet die Romanautorin, in deren Land der Staatsgründer Mustafa Kemal Atatürk wie der Hausvater schlechthin verehrt und aufs Podest gestellt wird, doch wieder bei den politischen Tabus. Der Kreis schließt sich.

Als Tochter ohne Vater lässt es sich womöglich leichter zu solchen Erkenntnissen vordringen. Die Außenseiterposition macht den Blick auf die Machtstrukturen frei. Elif Shafak fühlt sich auch keinem ideellen Vater verpflichtet – anders als viele Frauen in der Türkei. Denn der Übervater schlechthin ist Mustafa Kemal, der nicht zufälligerweise den ihm später verliehenen Nachnamen Atatürk, Vater der Türken, annahm. Für ihn war die Befreiung der Frau von Anfang an ein wichtiger Teil des Modernisierungskonzepts. Auf diese Weise fielen den Türkinnen viele gesetzlich verbriefte Rechte in den Schoß, für die die Frauen anderswo auf die Straße gehen mussten. Es bedurfte keiner Suffragetten wie in England, keiner Frauenrechtsbewegung wie in Deutschland, keiner Women's Lib wie in den USA – denn es gab den kemalistischen Staatsfeminismus. Nicht viele Männer seiner Zeit argumentierten so fortschrittlich und unvoreingenommen wie Atatürk. Das belegen viele Zitate wie etwa dieses: „Wenn sich eine Gesellschaft damit begnügt, dass von beiden Geschlechtern nur eines die Errungenschaften des Jahrhunderts erwerben kann, dann bleibt diese Gesellschaft mehr als zur Hälfte schwach."

Kaum war die Republik 1923 gegründet, ging es Schlag auf Schlag: 1924 wurden die islamischen Schulen abgeschafft. Der Staat übernahm das Erziehungs- und Bildungswesen und führte die Schulpflicht für Jungen und Mädchen samt der Ko-edukation ein. 1926 trat ein Zivilgesetz nach Schweizer Vorlage in Kraft. Die Frauen erlangten den juristischen Status einer Person. Die Polygamie wurde verboten, die Zivilehe zur gesetz-lichen Norm, das Scheidungsverfahren geregelt. Vor Gericht, beim Erbrecht und im Vormundschaftsrecht wurden Frauen weitgehend gleichgestellt. Die Zeiten der Scharia waren de jure vorbei. Freilich blieb der Mann nach dem Zivilrecht das Ober-haupt der Familie – so wie in europäischen Ländern bis weit ins 20. Jahrhundert hinein auch. Schrittweise erhielten die Türkinnen die politischen Rechte: Seit 1934 haben sie das voll-ständige aktive und passive Wahlrecht auch für das Parlament. Andere Länder zogen Jahre später nach: unter anderen Frank-reich 1945, Italien 1946, die Schweiz 1971, Portugal 1974 – und der berühmte Kanton Appenzell-Innerrhoden 1990. Deutsch-land hatte das Frauenwahlrecht schon 1918 eingeführt. Von den nicht ganz vierhundert Abgeordneten, die 1935 in die Große Nationalversammlung in Ankara einzogen, waren 18 Frauen. Ihr Anteil lag bei 4,6 Prozent. Das gab es in keinem an-deren Land aus der Konkursmasse des Osmanischen Reichs. Die Veränderungen waren revolutionär.

Von Anfang an haben viele Frauen von der Reformpolitik profitiert. Das Land war vom Befreiungskrieg gezeichnet, die Bevölkerung ausgedünnt. Von den Überlebenden hatten viele keine Qualifikation. Neunzig Prozent der 13,6 Millionen Men-schen, die etwa um 1923 in der Türkei lebten, konnten weder lesen noch schreiben. Die gebildeten, oftmals mehrsprachigen

Frauen aus der Oberschicht waren deshalb für den Aufbau unerlässlich. Sie rückten rasch in interessante Positionen vor, besonders im Bildungswesen und in den freien Berufen. Die Frauen begannen Karriere zu machen. Zu ihnen zählte später auch Elif Shafaks Mutter, die Diplomatin. Sie war als Tochter eines hochrangigen Armeeangehörigen mit entsprechend privilegiertem Zugang zur Bildung aufgewachsen. „Ihr gesellschaftlicher, familiärer Hintergrund ist der der nationalen Elite des Landes", erklärt die Tochter. „Meine Mutter ist eine Kemalistin, eine Anhängerin Atatürks. Sie ist immer für eine moderne, sich am Westen orientierende Türkei eingetreten. Sie hat immer diese säkulare Republik verteidigt. Sie ist froh über die Möglichkeiten, die ihr als Frau in der modernen Türkei geboten wurden. Ich bin mit diesen Ideen aufgewachsen. Aber ich habe mich auch gegen sie gewehrt." Sie schätze vieles, sagt Elif Shafak, aber anderes müsse sie kritisieren. „Es muss möglich sein, auch den Kemalismus infrage zu stellen."

In einer Demokratie müsse man alles infrage stellen können, begründet Elif Shafak diese Haltung grundsätzlich. Manchmal reicht es freilich auch, nur zu fragen, um zu kritischen Punkten vorzudringen. Man kann beispielsweise fragen, wie sich die Entstehungsgeschichte des Frauenwahlrechts bis heute auswirkt. Es war folgenreich, wie die fortschrittliche Rechtsreform begründet wurde: mit der geballten Macht des neu generierten türkischen Nationalgefühls. Dieser Argumentation konnte das sich heftig sträubende konservative Lager in der Großen Nationalversammlung auf Dauer nicht standhalten. Die Befürworter aktivierten die Vergangenheit; sie beriefen sich auf Ziya Gökalp, den Gründungsvater der türkischen Soziologie, nach dessen durchaus fragwürdiger Lesart der Feminismus bereits eine Erfindung der alten Türken in vorislamischer Zeit gewesen ist; und auf diese türkische Besonderheit, meinte er, gelte es sich nun wieder zu besinnen. Die Befürworter verwiesen auch auf die Gegenwart, auf das heldenhafte

Engagement der Frauen in Zeiten des Krieges. Tatsächlich hatten die Frauen jahrelang die Arbeit der abkommandierten Männer geschultert, im Unabhängigkeitskrieg und in den Kriegen davor. Nun wurde ihre Befreiung in den Gründungsmythos des Landes integriert. Man erklärte auch diese Befreiung zum Bestandteil der nationalen Sache.

So paradox das klingen mag: Eine solche Befreiung hat etwas Einengendes. Denn wer seine Rechte wie ein Geschenk erhält, ist dankbar. Und wer weiß, dass seine Rechte dem großen Ganzen untergeordnet sind, kann leicht gefügig gemacht werden. Jede allzu große Abweichung in der Meinung, jede allzu laute Forderung nach Nachbesserung, jede allzu harte Kritik an einem Missstand könnte als grundsätzlicher Widerspruch zum Gesamtsystem ausgelegt werden, das mühsam genug erkämpft werden musste. Die Frauenfrage jedenfalls galt bald als erledigt. 1935 wurde die damals einzige Frauenorganisation aufgelöst. Die staatlich-kemalistische Frauenbewegung war am Ende. Und von der kleinen Frauenbewegung, die sich noch in den letzten Jahren des Osmanischen Reiches in den Städten gebildet hatte, war längst auch nichts mehr übrig. Es sollte dauern, bis sich – nach der osmanischen und der republikanischen – eine dritte Frauenbewegung etablieren konnte, nämlich ungefähr ein halbes Jahrhundert.

Noch heute hört man türkische Frauen stolz sagen: Atatürk hat uns unsere Rechte gegeben. Insbesondere überzeugte Kemalistinnen verteidigen den Vater aller Väter – bei den Massenkundgebungen im Frühjahr 2007 gegen den islamisch-wertkonservativen Präsidentschaftskandidaten Abdullah Gül waren auffällig viele laizistisch eingestellte Frauen auf den Beinen. Elif Shafak kennt diesen weiblichen Refrain des Modernisierungsliedes. Und sie macht ziemlich deutlich, dass sie dieses Lied zwar versteht, aber nicht mitsingen will. Im Roman *Der Bastard von Istanbul* setzt sie sich mit jenen Frauen auseinander, die so gerne einstimmen. Bei ihr tragen diese Damen Kostüme in gedeckten Farben, keinesfalls feminin-anschmiegsame Pastell- oder Rosatöne. Sie sind gebildet und erfolgreich, sie gehen ganz und gar in ihrer Funktion auf, nur als eines erscheinen sie nicht unbedingt: als weiblich. „Sie bewegten sich", schreibt Elif Shafak, die sich selbst leger und weiblich kleidet, in ihrem Roman, „in entweiblichten, entsexualisierten Körpern." Doch das seltsame Defizit bemerken die Frauen selbst gar nicht, und auch nicht, wie sehr sie sich der herrschenden Männerdoktrin angleichen. Sie sind viel zu sehr damit beschäftigt, sich dem republikanischen Ideal der modernen, natürlich westlichen Frau anzupassen. Fast könnte man meinen, Elif Shafak karikiere diese „neuen türkischen Frauen" in ihrem Roman. Sie überzeichnet bewusst, so wie andere Autoren vor ihr überzeichnet haben. Doch jene verfolgten ein anderes Ziel. Die einschlägige Literatur der jungen Republik stilisierte den Typus der neuen Frau, ja propagierte ihn geradezu.

Die türkische Soziologin Nilüfer Göle, die an einer Pariser Hochschule lehrt, hat bereits vor Jahren die Literatur auf genau dieses Frauenbild hin untersucht. 1991 erschien ihr Buch *Republik und Schleier*. Darin analysierte sie wissenschaftlich, was Elif Shafk später literarisch aufgegriffen hat. Nilüfer Göle schreibt: „Diese quasi uniformierten Frauen in Kostüm, mit kurzem Haar und nur dezent geschminkt, sind in der Fortsetzung ihrer Mutterrolle erzieherisch und zärtlich und zugleich Soldatinnen im kemalistischen Zivilisationsprojekt. Abgesehen von ihrer Kämpferrolle und ihrer Gebärfähigkeit wird ihnen als Individuum keine Sexualität zuerkannt." Nilüfer Göle wurde unter anderem bei der Schriftstellerin und Frauenrechtlerin Halide Edip Adıvar fündig, die lange Zeit stilprägend für die Literatur der jungen Republik gewesen ist. Diese durchaus kritische Weggefährtin Atatürks beschrieb bereits 1912 in ihrem Roman *Das neue Turan* den Frauentypus der Zukunft: „In ihrem Blick war nichts, das einen Mann oder eine Frau an das Geschlecht erinnerte." Auch hier mutiert die Frau zum geschlechtslosen, neutralen Wesen.

Nilüfer Göle liest diese modellhaften Rollenbeschreibungen in der Literatur mit distanziert-kritischem Blick. Sie stößt dabei auf ein verborgenes Muster. Sie stellt nämlich fest, dass der Kemalismus die Frauen zwar sichtbar gemacht und dabei mit der traditionellen Moralvorstellung gebrochen hat, nach der Frauen nun einmal ins Haus gehören. Sie kommt aber auch zu dem Schluss, dass der Kemalismus die Frauen auf eine Weise sichtbar gemacht hat, die Sitte und Anstand nicht verletzt: „Anders ausgedrückt hat die kemalistische Frau zwar den Gesichtsschleier und den Umhang, den Çarşaf, abgelegt, dafür aber ihre Geschlechtlichkeit verhüllt, in der Öffentlichkeit sich selbst eingepanzert, sich unberührbar, unerreichbar gemacht." Man könnte dies als verblüffende Gemeinsamkeit in der islamisch-traditionellen und der kemalistisch-linken Haltung interpretieren. Beide Lager haben Angst vor der erotischen Verführungskraft der Frau. Aus diesem Grund setzen sie alles daran, ihre Weiblichkeit zu verdrängen. Und die Frauen unterwerfen sich diesem Ziel nicht nur im Namen von Religion und Tradition, sondern auch im Zeichen des Fortschritts.

Lässt sich die Selbstbeschränkung auf Dauer aushalten? Der Widerstand regt sich allmählich, er wird gedanklich und literarisch durchgespielt. Jedenfalls fällt auf, dass türkische Schriftstellerinnen zunehmend Themen wie die innere seelische Verfassung und auch die weibliche Sexualität behandeln – neue Themen also, die heute auf selbstverständliche Weise zum längst breiten literarischen Spektrum des Landes gehören. Schreibend wird ertastet und erobert, was in der Realität zunächst so schwer frei zu entfalten schien. Plötzlich ist in den Büchern ein bis dahin unbekannter Aufbruch spürbar. Langsam rollt er heran. Leyla Erbil beispielsweise schockierte das Publikum bereits Anfang der siebziger Jahre mit dem rebellisch anmutenden Roman *Eine seltsame Frau*. Sie erzählt die Geschichte der 19-jährigen Nermin, die auf keinen Fall so werden will wie ihre konservative Mutter und auch die anderen Generationen von Frauen zuvor. Sie will teilhaben an der Gesellschaft, sie genießt die lockere Atmosphäre im studentischen Milieu und traut sich einiges, politisch und auch sexuell, aber sie spürt immer wieder sehr genau, wie wenig sie als junge Frau in den Augen der – natürlich männlichen – Intellektuellen zählt.

Leyla Erbil, die 1931 geboren wurde und zur zweiten Frauengeneration der jungen Türkei zählt, stellt die Ideale der Republik nicht infrage, im Gegenteil. Aber ebenso wenig, wie sich die Autorin auf Frauenthemen reduzieren lässt, lässt sie sich in allgemeine politische Erwartungen pressen. In ihrer Literatur lotet sie die Widersprüche und die Grenzen der Freiheit aus. Ähnlich geschieht das auch bei Adalet Agaoğlu, die nicht zufällig eine Altersgenossin von Leyla Erbil ist. Doch bei Adalet Agaoğlu sind die Grenzen dieser Freiheit noch schmerzlicher zu spüren. 1973 erschien ihr Roman *Sich zum Sterben hinlegen.* Darin erzählt sie von Aysel, einer Frau, die zwischen der Vision von der emanzipierten, intellektuellen Frau einerseits und dem Wunschbild von Weiblichkeit andererseits schwankt – bis hin zur völligen Verzweiflung. „Lange Jahre hatte ich vergessen, dass ich einen eigenen Körper habe. Sogar wenn ich sexuell mit einem Mann zusammen war, war mein Kopf voller Gedanken, und ich musste mich anstrengen, diesen Kopf, diesen Hals, diese Arme und Beine als wirklich zu empfinden." Aysel kann ihr Glück nicht finden. Sie wählt den Selbstmord. Einen anderen Ausweg sieht sie nicht.

Als diese beiden Bücher erschienen, war Elif Shafak im Kleinkindalter. Mit Nermin und Aysel, den beiden Protagonistinnen, verbindet eine Frau ihrer Generation wenig. Auch Elif Shafak analysiert die Rolle der Frau – literarisch und auch wissenschaftlich: Sie studierte Soziologie und Kommunikationswissenschaften in Ankara und promovierte in Politologie über das Thema *Staat, Säkularismus und das Maskuline der türkischen Modernisierung: Männliche Genderrollen im islamisch-*

säkularen Machtrahmen. Aber anders als ihre älteren Kolleginnen hadert die junge Autorin nicht so selbstzweiflerisch mit der Frauenrolle. Und sie muss sich auch ihren Kopf nicht einrennen, weil es sehr viele Mauern von damals nicht mehr gibt. Das verbindet Elif Shafak mit den auffällig zahlreichen jungen Schriftstellerinnen der Türkei. So mancher Kampf wurde vor ihrer Zeit ausgefochten. Und so mancher Kampf ist ausgetragen worden, als sie noch zu jung war, um selbst hineingerissen zu werden. Beim Putsch des Militärs am 12. September 1980 war Elif Shafak neun Jahre alt – zu jung und zu weit weg zudem, um sich dem Frauenaufbruch in den Jahren danach anzuschließen.

Dieser Aufbruch war bald unübersehbar – in der Literatur, im Film und auch in der Gesellschaft selbst. Die Autorin und Frauenrechtlerin Duygu Asena schockte 1984 mit ihrem Roman *Die Frau hat keinen Namen* die Öffentlichkeit. Sie erzählt darin, was passiert, wenn eine junge Frau genauso frei leben möchte, wie es die Männer für sich in Anspruch nehmen. Das war radikale Emanzipationsliteratur im besten Sinne. Alle Verbote konnten nicht verhindern, dass dieses angeblich jugendgefährdende Buch zum Bestseller wurde. Er steht noch heute in den Buchläden. Auch die Verfilmung war ein Erfolg. Duygu Asena eroberte sich selbst und ihren Ansichten eine Position in der türkischen Gesellschaft. Sie schrieb für viele Zeitungen, und als sie 2006 im Alter von sechzig Jahren einem Krebsleiden erlag, nahm die Öffentlichkeit großen Anteil. Die Empörung von einst hat sich längst gelegt.

Keine Frage, die türkische Frauenbewegung der vergangenen zwei Jahrzehnte ist eine Erfolgsgeschichte für sich. Und diese hat, rückblickend betrachtet, ihre eigene Logik. Das Militär hatte nach seinem Putsch alle politischen Organisationen verboten. So wurde das gesellschaftliche Kräftefeld lahmgelegt, das zuvor jahrelang von einer extremen Polarisierung beherrscht worden war. Rechts und Links hatten diese Auseinandersetzung dominiert, ohne sich freilich mit Frauenthemen groß abzugeben. Dabei hatten Frauen dies schon damals als Manko empfunden. Sie waren die Ersten, die sich in den achtziger Jahren zu organisieren begannen. Warum das so war, wird von türkischen Frauenrechtlerinnen oft folgendermaßen erklärt: Der Staat habe ihre neue Bewegung ohne wirkliche Angst verfolgt – denn welcher Machthaber habe in einem patriarchalischen System schon Angst vor Frauen? Andere Bewegungen hingegen wurden intensiv beobachtet, die Bewegung für Menschenrechte insbesondere, die sich ebenfalls in der zweiten Hälfe der achtziger Jahre zu regen begann. Der Menschenrechtsverein IHD gründete sich 1986. Seine Mitglieder sind von Anfang an einer starken staatlichen Kontrolle ausgesetzt gewesen.

Dabei zerrte die Frauenbewegung schon sehr bald Missstände ans Licht, die bis heute noch nicht gerne wahrgenommen werden. Die Devise lautete auch hier: „Das Private ist politisch." Die Frauenbewegung begann, über die Geschlechterbeziehungen samt ihren Machtstrukturen zu sprechen, über Sexualität und Missbrauch, über Gewalt in der Familie und gegen Frauen. Am 17. Mai 1987 kam es zur ersten staatlich zugelassenen Demonstration nach dem Putsch. Dreitausend Frauen protestierten in Istanbul gegen die Weigerung eines Richters, dem Scheidungsantrag einer klagenden Frau nachzugeben. Der Ehemann hatte Gewalt angewendet. Doch der Richter zitierte das türkische Sprichwort: „Der Rücken der Frau sollte nicht ohne Stock, der Bauch nicht ohne Kind bleiben." Die Presse berichtete ausführlich. Noch gut zwanzig Jahre später hängen die längst vergilbten Zeitungsausschnitte im Büro der Istanbuler Frauenorganisation Mor Catı („Lila Dach") an der Wand. Der Verein, der inzwischen mehrere Frauenhäuser unterhält, entstand nach jener Demonstration – und mit ihm eine Frauenbibliothek und die Frauenzeitschrift *Pazartesi* („Samstag").

Inzwischen hat sich die türkische Frauenbewegung solide etabliert. Sie versucht, auf politische Entscheidungsprozesse einzuwirken. Die Autorin Duygu Asena selbst konnte noch miterleben, wie das Parlament in Ankara im Mai 2004 eine Rechtsreform verabschiedete, nach der Männer und Frauen nun vor dem Gesetz endgültig gleichgestellt sind. Seither ist die Gleichstellung sogar als gesellschaftspolitische Aufgabe in der Verfassung verankert – zwanzig Jahre nach der Erstauflage von *Die Frau hat keinen Namen*. Diese Fortschritte wurden ausgerechnet unter der politischen Federführung einer islamisch-konservativen Regierung erreicht. Dass Frauen die gleichen Rechte haben, ist heute unanfechtbar. Dass sie diese auch für sich in Anspruch nehmen, löst in viel zu vielen Einzelfällen noch immer heftigen Widerstand im sozialen oder familiären Umfeld aus. Im EU-Fortschrittsbericht von 2006 heißt es nüchtern: „Die türkische Öffentlichkeit schenkt Fragen im Zusammenhang mit der Gleichberechtigung der Geschlechter und den Rechten der Frau zunehmend Aufmerksamkeit. Der rechtliche Rahmen ist im Großen und Ganzen zufrieden stellend. Doch in der Praxis werden die Rechte von Frauen nicht immer geschützt, vor allem in den ärmsten Regionen des Landes."

Man kann die türkische Frauengeschichte als Opfergeschichte erzählen, als eine Geschichte, in der sogenannte Ehrenmorde verübt und viele Frauen zum Selbstmord gezwungen werden, um die Schuld der anstiftenden Familie zu vertuschen; als eine Geschichte, in der Frauen um ihre selbständige Existenz gebracht werden, weil ihnen Bildung verwehrt wird, in der nach wie vor mehr Frauen als Männer weder lesen noch schreiben können, in der Frauen weit seltener die Möglichkeit haben, ihr eigenes Geld zu verdienen: Nur 26 Prozent aller abhängig Erwerbstätigen waren laut OECD-Bericht von 2004 Frauen.

Man kann die türkische Frauengeschichte aber auch als Erfolgsgeschichte erzählen – mit charakteristischen Besonderheiten, die Außenstehende nicht unbedingt erwarten würden: Der Frauenanteil in gehobenen Berufen in der Türkei ist auch heute höher als in manchen westeuropäischen Ländern: 30 Prozent der Architekten, 28 Prozent der Ärzte, 26 Prozent der Anwälte und 25 Prozent der Universitätsprofessoren sind weiblich. Auch in der Wirtschaft beginnen die Frauen, sich durchzusetzen. Zwei der größten Unternehmen, der Sabancı-Konzern mit seinen 30 000 Mitarbeitern und die Yaşar-Holding, werden von Chefinnen geleitet, von Güler Sabancı und von Feyhan Kalpaklıoğlu. Auch die größte nicht-staatliche Bank, die zum Sabancı-Konzern gehörende Ak-Bank, wird von einer Frau, von Suzan Sabancı, gesteuert. Sie sagt: „Die Wirtschaft ist so wunderbar objektiv." Kein Unternehmen könne es sich leisten, nach Geschlechtern zu unterscheiden. Man beschäftige und befördere die Besten. Wie zum Beweis wählten die Wirtschaftsbosse 2007 eine Frau zur Chefin ihres mächtigen Unternehmerverbandes TÜSIAD: Arzuhan Doğan Yalcındağ, die älteste Tochter des Pressezaren Aydın Doğan. Von einem bestimmten sozialen Level an ist das eigentliche Diskriminierungsmerkmal in der Türkei nicht unbedingt das Geschlecht, sondern der Zugang zur Bildung und die soziale Stellung der Herkunftsfamilie.

Es ist kaum möglich, eine einzige, für alle verbindliche türkische Frauengeschichte zu erzählen – nicht in einem Land, in dem die Lebensbedingungen so stark auseinanderklaffen. Man kann aber etwas anderes tun: diese Unterschiede und auch ihre Gründe thematisieren, darüber sprechen, weshalb Mädchen noch immer von der Schulbildung ausgeschlossen werden, weshalb junge Frauen verheiratet werden oder einem gewalttätigen Ehemann ausgeliefert sind. Die Wissenschaft wagt sich zunehmend auf dieses Feld. Sie untersucht die Rollenmuster, das Familienbild und die Wertekonzepte. Die Familienpolitik befasst sich mit Zwangsheirat und sogenanntem Ehrenmord: Ihm fielen offiziellen Angaben zufolge von 2000 bis 2006 mindestens 1806 Frauen zum Opfer, weitere 5375 Frauen haben sich selbst getötet – viele von ihnen auf Druck der Familie hin. Und Frauen aus der Zivilgesellschaft kämpfen an der Basis. Es wird immer deutlicher, dass man vor solchen Fakten nicht einfach die Augen verschließen kann. Und es wird auch deutlich, dass sich langsam etwas tut: Noch vor einem Jahrzehnt wurde über den Mord im Namen der Ehre nicht einmal gesprochen. Heute geschieht er zwar immer noch viel zu oft, aber er ist gesellschaftlich weithin geächtet. Diese Einschätzung hört man an der Hilfsfront gegen den Ehrenmord, etwa in Diyarbakır, aus dem Mund pragmatischer Frauen der NGO Ka-Mer.

Dafür, dass sich die Augen öffnen, wird in der Kultur einiges getan. Schriftsteller und Filmemacher bearbeiten die Themen. Es sind übrigens längst nicht nur die weiblichen Künstler, die das tun. Atif Yılmaz, der Altmeister des türkischen Films, der 2006 starb, war ein Meister darin, Frauengeschichten zu erzählen. Zülfü Livaneli erzählt in seinem inzwischen verfilmten Roman *Mutluluk* („Glück") von einem jungen Mädchen, das von der Familie eingesperrt wird: In der Zelle liegt der Strick parat. Doch das Mädchen will sich nicht erhängen ...

Der Kreis schließt sich. Unweigerlich führt er wieder zu dem Phänomen, das die Romanautorin Elif Shafak so beharrlich bearbeitet: zu der Vaterkultur. Diese prägt in ihren Augen noch immer das Land und auch die Politik. In den Machtpositionen sind Männer in der Mehrheit, und auch im Parlament haben in den Jahrzehnten seit Einführung des Wahlrechts nie mehr Frauen als zu Atatürks Zeiten gesessen, also um die vier Prozent. 2002 waren es 4,4 Prozent. Eine entscheidende Veränderung gab es erst jetzt, 2007, nach der Kampagne der Frauenorganisation „KADER", die frech auf großen Plakaten fragte: „Muss man einen Bart tragen, um ins Parlament zu kommen?" Neben dem Spruch waren berühmte Schauspielerinnen und Unternehmerinnen mit Schnauzer zu sehen. Auch Ministerpräsident Recep Tayyip Erdoğan, zwar Gegner der Quote, versprach den Frauen mehr Mitsprache: 81 Frauen – so viele, wie es Provinzen gibt – wollte er im Parlament unter den 550 Abgeordneten sehen, mindestens. Es wurden schließlich 51, so viele wie nie zuvor.

Zahlen bedeuten viel. Aber sie allein garantieren noch keinen Wandel. Die Schriftstellerin Elif Shafak skizziert das nächste Ziel: „Wir müssen einen anderen Diskurs entwickeln, einen Diskurs außerhalb des maskulinen, militaristischen, staatsorientierten Diskurses, der die türkische Gesellschaft so tief geprägt hat. Ich glaube, dass die Frauen hier etwas Wichtiges einbringen können. Anders als viele Männer in diesem Land pflegen Frauen die Erinnerungen. Sie haben all die Geschichten, Lieder, Rezepte und andere Dinge des täglichen Lebens von einer Generation an die nächste weitergegeben. Diese Kultur müssen wir wahrnehmen und mit der anderen Kultur dieses Landes verknüpfen. Hier sehe ich auch eine Aufgabe für die Frauen." In ihrem Roman *Der Bastard von Istanbul* spielt sie dieses Szenario schon einmal durch. Die Frauen bewahren die Erinnerung, die Männer hingegen verkraften diese kaum.

Die Perspektive, die Elif Shafak einnimmt, ist nicht nur betont weiblich, sie ist auch sehr unabhängig. Die Autorin kultiviert diese Sicht auf die Türkei aus der Distanz. Auch dieser Abstand lässt sich aus ihrer Biografie heraus erklären. Sie hat nicht nur als Kind viele Jahre im Ausland gelebt und sich die türkische Sprache in der Fremde erobert. Sie hat später im Ausland gearbeitet. Jahrelang ist sie an einem Lehrstuhl für Gender-Studien in Tuscon im US-Bundesstaat Arizona tätig gewesen. Zwei ihrer Romane hat sie auf Englisch geschrieben, das für sie die Sprache der Präzision ist. Manche in der Türkei haben der Autorin das ziemlich übel genommen – so, als wäre die Zweisprachigkeit ein Verrat an der eigenen Kultur. Auch mit ihrer eigenen Sichtweise macht sich Elif Shafak nicht überall Freunde. Nicht unter patriarchalisch gesonnenen Männern, nicht unter den Konservativen, schon gar nicht bei den Nationalisten, aber auch nicht unbedingt bei den kemalistisch geprägten Männern.

Nach der Veröffentlichung ihres Romans *Der Bastard von Istanbul* hatte die Autorin mit einigen Reaktionen gerechnet. Der Prozess aber kam für sie völlig überraschend: Der ultranationalistische Anwaltsverein, der im November 2005 auch schon Orhan Pamuk vor Gericht gezerrt hatte und außerdem viele andere, in Westeuropa weit weniger bekannte Intellektuelle, reichte auch gegen sie eine Klage ein: wegen „Verunglimpfung des Türkentums". Erstmals musste der Artikel 301 im Strafgesetzbuch auch für eine Klage gegen die Worte eines Romans und die seiner Protagonisten herhalten: beispielsweise weil eine der Schwestern, während sie auf ihren hohen Absätzen zur anfangs noch geplanten Abtreibung des Inzestkindes stöckelt, auf die Eroberung Istanbuls durch die Osmanen schimpft; oder weil die armenische Familie in den USA vom Völkermord und von türkischen Schlächtern spricht. Der Prozess wurde am ersten Verhandlungtag im September 2006 eingestellt. Elif Shafak, die wenige Tage zuvor eine Tochter zur Welt gebracht hatte, konnte nicht dabei sein.

Mit einigem zeitlichen Abstand hat sie den Tumult jener Tage für sich geordnet. Sie verweist auf den steten gesellschaftlichen Wandel der vergangenen Jahre und stellt unbeirrt fest: „So paradox es wirkt: Die Prozesse gibt es gerade deshalb, weil sich die Dinge verändern. Je größer der Wandel ist, desto größer wird die Panik der Bewahrer." Die Schriftstellerin mit dem Vornamen, der einst den ersten Buchstaben des Alphabets bezeichnete, setzt auf die Kraft des Wortes, auf die Kultur und natürlich ganz besonders auf die Literatur. Sie müsse sich doch nur ansehen, wer ihre Lesungen besuche: „Es kommen ganz unterschiedliche Menschen, auch ganz unterschiedliche Frauen – solche mit Kopftuch und auch ohne, mit Ausbildung und ohne, Frauen, die sich niemals gemeinsam an einen Tisch setzen würden. Aber sie lesen das gleiche Buch. Die Kunst hat in diesem Land ein ganz erstaunliches Potenzial: sie ermöglicht Dialoge, und diese Dialoge führen zu einem Wandel von unten. Die Literatur findet den Weg in die Häuser dieser Menschen. Die Politik schafft das nicht. So gesehen kann Literatur etwas ganz Besonderes bewegen. Sie sprengt die Grenzen, die die Politik für unverrückbar hält."

7.

Aydın Doğan und Co

Aufsteiger, Aufklärer, Aufreißer –
die Macht der Medien

Wie beginnt man ein Kapitel über die türkischen Medien? Mit der Geschichte eines märchenhaften Aufstiegs? Oder mit den ironisch-bitteren Erinnerungen eines zurückgekehrten Exilanten, der nun endlich auch zu Hause schreiben kann, was er denkt? Oder mit einer Tragödie aus dem Fernsehen und deren dramatischem Schlusspunkt in der Wirklichkeit? Man muss schon alle drei Geschichten erzählen. Denn sie weisen auf drei wesentliche Entwicklungen hin, die für die Medienlandschaft in der Türkei charakteristisch sind: die Ökonomisierung und zunehmende Konzentration; die Demokratisierung und zunehmende Vielfalt; die Trivialisierung und fortschreitende Anpassung an globale Formate.

Die erste Geschichte führt in eine der ärmsten Provinzen des Landes, nach Gümüşhane im Osten Anatoliens. 1936 wurde dort Aydın Doğan in einem Dorf namens Kelkit geboren. Heute ist er der mächtigste Medienunternehmer in der Türkei, ja vielleicht sogar der mächtigste Unternehmer seines Landes überhaupt. Sein Werdegang liest sich wie die anatolische Version des amerikanischen Traums. Aydın Doğan herrscht über ein Imperium, zu dem acht Tageszeitungen, 24 Zeitschriften, mehrere Fernseh- und Radiosender, eine Nachrichtenagentur, der erfolgreiche Buchverlag Doğan Kitab und ein Plattenlabel gehören. Er verlegt unter anderem das einflussreichste Blatt des Landes, die profitable *Hürriyet*. Allein seine Zeitungen haben 2006 mehr als vierzig Prozent der täglichen Gesamtauflage in der Türkei bestritten. Dabei trägt die Mediengruppe der Doğan-Holding nur 15 Prozent zu deren Umsatz bei.

Das Unternehmen hat sich zu einem beeindruckend vielfältigen Mischkonzern entwickelt. Es umfasst über hundert Firmen. Aydın Doğan hat die Privatisierungswelle in der Türkei zu nutzen verstanden. So ist die Doğan-Holding bei der großen Tankstellenkette Petrol Ofisi eingestiegen, die sich inzwischen zu einem breit aufgestellten Energieunternehmen gemausert hat. Außerdem ist das Großunternehmen in der Stahlbranche und Automobilzulieferung, im Tourismusgeschäft, im Handel und im Versicherungswesen aktiv. Es hat Joint Ventures mit Time Warner, der Universal Music Group und Burda gegründet. Und es ist eine sogenannte strategische Partnerschaft mit der Axel Springer AG eingegangen. Ende 2006 hat der deutsche Medienkonzern 25 Prozent der Anteile von Doğan TV übernommen. Umgekehrt ist auch die Doğan-Holding im Auslandsgeschäft aktiv. Der stark expandierende Konzern hat inzwischen 11 000 Beschäftigte. Er ist innerhalb weniger Jahre zum drittgrößten Unternehmen der Türkei avanciert, nach Koç und Sabancı. 2005 machte der börsennotierte Konzern, der zu 62,53 Prozent in Familienbesitz ist, einen Umsatz von fast acht Milliarden Dollar und einen Nettogewinn von 474 Millionen Dollar.

Mit Auftritten in der Öffentlichkeit ist Aydın Doğan zurückhaltend. Er zeigt sich gerne bei wohltätigen Veranstaltungen seiner Stiftung. Und er ist natürlich mit von der Partie, wenn in einem seiner Häuser wichtige Politiker empfangen werden, in der Türkei und auch in Deutschland: Selbst die deutschen Bundeskanzler – erst Gerhard Schröder, dann Angela Merkel – machten ihre Aufwartung in Mörfelden-Walldorf bei Frankfurt, dem Standort von Redaktion und Druckerei der *Hürriyet*-Europaausgabe. Von Aydın Doğan ist auch immer dann in den türkischen Medien die Rede, wenn die Liste mit den Champions der Einkommenssteuer veröffentlicht wird: Sie wird seit

Jahren von dem Medienunternehmer angeführt. Laut *Forbes* wird sein Vermögen auf 1,6 Milliarden Dollar geschätzt. Wohin man blickt, sind die Ergebnisse rekordverdächtig. Auch für die Zukunft ist gesorgt: Die vier Töchter des Gründers sitzen an wichtigen Schaltstellen des Konzerns. Alle vier haben im Ausland studiert und sprechen ein perfektes Englisch. Die älteste, Arzuhan Doğan Yalcındağ, ist seit Anfang 2007 auch Vorstandsvorsitzende des Unternehmerverbandes TÜSIAD – als erste Frau in diesem einflussreichen Amt.

Eines fällt angesichts der wichtigsten Unternehmensdaten auf: Die politisch bewegten Zeiten des Landes haben Aydın Doğans Geschäfte zwar immer wieder in Turbulenzen gestürzt, ihn aber nie aufgeben lassen. In den fünfziger Jahren absolvierte der Sohn eines Kaufmanns ein Studium an der Wirtschafts- und Handelsakademie in Istanbul. 1958 begann er Baumaschinen zu verkaufen. Nach dem ersten Putsch von 1960 ging seine Firma pleite, und er gründete ein neues Unternehmen im Großhandel. Nach dem zweiten Putsch 1971 etablierte er sich in der Industrie. Und ein Jahr vor dem dritten Putsch 1980 ist er schließlich in die Medienbranche eingestiegen: Er kaufte das liberale Massenblatt *Milliyet*, das heute mit einer Auflage von ca. 240 000 Exemplaren keineswegs zu den ganz großen Zeitungen zählt. Spätestens seit 1994 ist seine publizistische Marktführerschaft fest etabliert. In jenem Jahr übernahm er das Massenblatt *Hürriyet* (Auflage über 600 000). Mitte der neunziger Jahre gründete er die auflagenstärkste Boulevardzeitung *Posta* (Auflage 690 000). Während der nationalen Wirtschaftskrise 2001, die viele andere Unternehmen des Landes beutelte oder zur Aufgabe zwang, konnte sich die Doğan-Holding durch Zukauf weiter vergrößern.

Die Doğan-Presse ist laizistisch und staatstragend ausgerichtet. Trotz aller Erfolge hat der Wirtschaftsboss als Verleger eines immer vermieden: den direkten Griff nach politischen Ämtern und Macht. Angeblich, das jedenfalls versichern Mitarbeiter des Verlags, nimmt Aydın Doğan selbst keinen Einfluss auf die Berichterstattung. Wenn, dann funktioniert ein solcher Mechanismus auf andere Weise. Die Doğan-Holding ist ein Wirtschaftsunternehmen, und ein solches verfolgt eigene Ziele. Wie werden die Zeitungen eines Konzerns über den Energiesektor berichten, auf dem er selbst handfeste Interessen hat? Wie werden die Kommentare ausfallen, sollte die Regierung die Aufkaufpolitik ausgerechnet dieses Konzerns durchkreuzen wollen? Solche Fragen stellen sich meist nur gut informierte Insider bei der Zeitungslektüre. Sie haben gelernt, zwischen den Zeilen zu lesen. Und sie haben sich längst auch angewöhnt, die Informationen der einen Zeitung mit Informationen anderer Zeitungen abzugleichen.

Dass Aydın Doğan ein Verleger mit feiner Witterung ist, zeigen seine Neugründungen. Darunter ist nicht nur ein Massenblatt wie *Posta*, sondern seit Mitte der neunziger Jahre auch die kleine, aber feine links-intellektuelle Zeitung *Radikal*. Von ihr werden täglich ungefähr 35 000 Exemplare verkauft. „Ein Nischenblatt für gut ausgebildete städtische Leser", so charakterisiert die Doğan-Holding dieses überraschend anspruchsvolle Produkt in ihrem eigenen Angebot. Die „winds of change" verändern die Türkei, und mit ihnen wandeln sich auch die Lesegewohnheiten. Da gilt es, neue Marktpositionen zu besetzen – und auch im eigenen Konzern so manche inhaltliche Abweichung hinzunehmen. *Radikal* war eines der wenigen Blätter, die sich über den Literaturnobelpreis für Orhan Pamuk unverkrampft freuen konnten: „Pamuk ist eine Ehre für unsere Sprache, unsere Literatur und unser Land [...] Wir können uns mit Pamuk rühmen." Andere Zeitungen im Doğan-Konzern brachten das nicht fertig. Die Kollegen von der *Hürriyet* wanden sich gequält, allen voran Chefredakteur Ertuğrul Özkök. Schließlich war es Pamuk, der öffentlich vom Mord an den Armeniern gesprochen hatte, dem traditionellen Tabuthema der Türkei schlechthin, über dessen Einhaltung all die Jahrzehnte auch die staatstragend-laizistische Presse gewacht hat.

Aydın Doğan gehört der Gründergeneration der türkischen Privatwirtschaft an, so wie Hacı Ömer Sabancı, Vehbi Koç oder auch Necat F. Eczacıbaşı. Die Aufstiegsgeschichten dieser Männer verlaufen in vieler Hinsicht ähnlich, und ihre Familien prägen das Land seit vielen Jahrzehnten. Die zweite Geschichte in diesem Kapitel verläuft nicht so geradlinig. Sie handelt von Zülfü Livaneli, der vieles zugleich ist: Journalist und Schriftsteller, Musiker und Politiker. Sein Werdegang ist von schmerzlichen Brüchen geprägt, die viel mit der türkischen Geschichte zu tun haben. Wie erzählt man davon, ohne immer wieder aufs Neue die alten Wunden aufzureißen?

Man kann es beispielsweise im Stil von Nasreddin Hoca versuchen. So heißt der anatolische Eulenspiegel: ein Tölpel, dem man nicht wirklich abkauft, dass er den hintersinnigen Witz seiner eigenen Geschichte nicht kapiert, so leichtfüßig balanciert er auf dem schmalen Grat zwischen Einfalt und Schläue. In der Türkei wächst jedes Kind mit Nasreddin Hoca auf. Das ist schon seit Generationen so. Manchmal schleicht sich sein Humor auch in die Geschichten von heute ein, vor allem, wenn es nicht viel zu lachen gibt. Auf diese Weise berichtet auch Zülfü Livaneli von der Flucht aus seinem Land Anfang der siebziger Jahre, nachdem das Militär geputscht und er einige Zeit im Gefängnis gesessen hatte. Er wurde verurteilt, weil er einem politischen Diskussionszirkel in Ankara angehörte. Man warf ihm vor, eine „illegale Organisation" gegründet zu haben. Zülfü Livaneli erlebte, wie Menschen gefoltert wurden. Er wusste, was ihm selbst jederzeit widerfahren konnte. Er musste weg.

Die Geschichte geht ungefähr so: Livaneli betritt mit einem gefälschten Pass den Istanbuler Bahnhof Sirkeci. Er hat einen Koffer und sein Instrument, die Saz, dabei. Er hat Angst. Da spricht ihn ein Gepäckträger, der gerne Gedichte schreibt, an.

Er fragt, ob Livaneli seine Verse vertonen wolle. Die beiden unterhalten sich. Schließlich sagt der Gepäckträger, sein Freund sei Polizist und müsse Livanelis Zug bis an die Grenze begleiten. Der Gepäckträger bringt Livaneli zum Polizisten und sagt zu ihm: „Das ist mein Freund. Er will ins Ausland. Pass gut auf ihn auf." Livaneli sitzt die ganze Reise über mit dem gefälschten Pass in der Tasche neben dem Polizisten. Sie unterhalten sich. Der Polizist klagt über die vielen Terroristen, nach denen er fahnden soll. Kurz vor der Grenze sagt er: „Ich muss deinen Pass noch abstempeln." Livaneli reicht ihm innerlich zitternd vor Angst das Dokument. Was, wenn der Polizist die Fälschung erkennt? Doch der Polizist sieht kaum hin und haut den Stempel in den Pass.

Heute sitzt der Exilant von einst in einem komfortablen Istanbuler Büro. Hier herauf, ins oberste Stockwerk des Istanbuler Redaktionsgebäudes von *Vatan*, dringt die Hektik des täglichen Zeitungmachens nicht. Zülfü Livaneli ist eine Edelfeder, ein politischer Kolumnist. Er schreibt regelmäßig. Mal nutzt er seine Kommentarspalte, um für die Zusammenarbeit von türkischen und armenischen Künstlern zu werben – mit dem Ziel, den Boden für eine Auseinandersetzung mit der Tragödie von 1915 zu bereiten. Mal ruft er die parteipolitisch auffällig distanzierte Zivilgesellschaft auf, sich auch in politischen Fragen in die Debatte einzumischen. Mal geißelt er das noch immer autoritäre Erziehungs- und Bildungswesen des Landes, das seiner Meinung nach eine unglückliche Jugend entlässt. Livaneli schreibt für die Öffnung und den Wandel. Dank seiner Vielseitigkeit fühlt er sich unabhängig genug, um auch politisch Unangenehmes formulieren zu können.

Livaneli wurde 1946 im zentralanatolischen Ilgin geboren. Sein Vater war Richter, zunächst in der Provinz, später am Verfassungsgericht in Ankara. Die prägenden Zeiten für Zülfü Livaneli waren die sechziger Jahre. „Man wurde links, ohne nachzudenken", sagt er mit ironischem Amüsement, wenn auch nicht ohne Stolz. Doch der Putsch setzte diesem Aufbruch ein Ende. Erst im Exil konnte sich Zülfü Livaneli entfalten. Er studierte in Schweden Musik und begann, Protestlieder gegen das Regime daheim zu schreiben. Sie trafen den Nerv seiner Landsleute in der Türkei. Dort gingen die Raubkopien seiner ersten Platte von Hand zu Hand. Sie blieb lange verboten, bis ins neue Jahrtausend hinein, da saß Zülfü Livaneli bereits für die Republikanische Volkspartei (CHP), die sich für Atatürks Erbe zuständig fühlt, in der Großen Nationalversammlung. In der Politik, nicht als Autor hat der Rückkehrer die Grenzen des Möglichen erfahren müssen. Er konnte kritisieren, dass sich führende Mitglieder seiner Partei immer nationalistischer äußerten – verhindern konnte er es nicht. Und so hat er 2005 seinen Austritt erklärt. Er resümiert die Entscheidung in einem bitteren Ton.

Die kemalistische, sich aber zugleich unabhängig gebende Zeitung *Vatan* gehört mit ihren ungefähr 185000 verkauften Exemplaren (Zahl von 2006) zu den kleineren und neueren Blättern der Türkei. Sie wurde, erzählt Livaneli, erst Anfang 2000 von einer Gruppe Journalisten gegründet. Das Erscheinungsbild von *Vatan* gleicht dem der meisten anderen Blätter: dicke Balkenüberschriften, große Farbbilder, reißerische Aufmachung. Am Kiosk sehen die Zeitungen verblüffend ähnlich aus. Doch man darf sich vom ersten Anblick nicht täuschen lassen. In der politischen Ausrichtung und beim Informationsgehalt unterscheiden sich die Zeitungen deutlich. *Vatan* und auch *Milliyet* gelten als liberal, *Türkiye* als nationalistisch-islamisch und *Akşam* als nationalistisch. Die *Posta* und *Sabah* sind in erster Linie Boulevardblätter, die *Hürriyet* gilt als konservativ, *Radikal* als Intellektuellenblatt und *Yeni Şafak* als regierungsnah-islamisch. Zwei Zeitungen ragen schon allein optisch aus dem Angebot heraus. Sie sind für türkische Verhältnisse textlastig: Zum einen das Flaggschiff des kemalistischen Pressewesens, die 1924 gegründete, strikt laizistische

Cumhuriyet; sie hat in den vergangenen Jahren in der Ära der islamisch-konservativen AK-Partei wieder an Auflage gewonnen und liegt jetzt bei über 70 000 Exemplaren (2007). Zum anderen die bürgerlich-islamische Zeitung *Zaman*, die seit 1986 erscheint und sich inzwischen als Abonnementblatt am Markt etabliert hat. In der Aufmachung orientiert sich *Zaman* an europäischen Vorbildern. Die Auflage reicht wie die von *Hürriyet* über die 600 000-Grenze – auch wenn Kritiker meinen, dass nicht alle Abonnements bezahlt werden.

Eine Tradition verbindet alle Zeitungen, gleichgültig welcher Couleur sie auch sind: das typisch türkische Kolumnenwesen. In den vergangenen zwei Jahrzehnten hat es immer mehr um sich gegriffen. Jede Zeitung hat ihre eigenen Autoren. Manche von ihnen sind ausgesprochen populär, manche auf fast beängstigende Weise produktiv. Die sogenannten Eckenschreiber dürfen drastisch formulieren und sich gegenseitig widersprechen. Immer wieder stößt man deshalb in ein und demselben Blatt auf ganz unterschiedliche Ansichten.

In der deutschen Presse gibt es dieses Spannungsverhältnis meist nicht. In einem Land wie der Türkei, in dem lange Zeit Zensur und Selbstzensur zum Zwischen-den-Zeilen-Schreiben und zum entsprechenden Zwischen-den-Zeilen-Lesen erzogen haben, wird dieses Durcheinander der Meinungen als befreiend empfunden. Für die Zeitung selbst hat es den Vorteil, dass sie unterschiedliche Leserkreise auf einmal bedienen kann. Und so schrieb jahrelang der gefürchtete, nationalistisch schäumende Emin Çölaşan in der *Hürriyet* neben dem staatstragend argumentierenden Chefredakteur Ertuğrul Özkök. So schreibt der links-liberale, kritische Historiker Murat Belge im Doğan-Blatt *Radikal*. Und so sind Kolumnen des türkisch-armenischen Politologen Etyen Mahçupyan, der westlich geprägten Bestsellerautorin Elif Shafak und auch des deutschen Europaabgeordneten Cem Özdemir neben jenen des konservativ-islamischen Soziologen Ali Bulac in *Zaman* zu lesen.

Auch die kemalistische Tageszeitung *Cumhuriyet* erträgt es, dass einer ihrer populärsten Kolumnenautoren, Oral Calişlar, abweichende Meinungen verbreitet. Er ist sich seiner Häresie durchaus bewusst und bleibt dennoch dabei. Anders als seine Zeitung verlässt er nämlich das eigene Lager, knüpft Kontakte zu anderen Kreisen und sucht den Austausch, etwa mit Kollegen bei der islamischen Tageszeitung *Yeni Şafak*, der eine politische Nähe zu Recep Tayyip Erdoğan und sogar wirtschaftliche Verbindungen zur Familie des Ministerpräsidenten nachgesagt werden. Oral Calişlar wurde 1946 in Tarsus geboren. Er studierte in Istanbul und engagierte sich zunehmend politisch. Er kann eine einschlägig linke Vergangenheit vorweisen. Mehrfach saß er im Gefängnis, unter anderem mit Bülent Ecevit, der mehrfach Ministerpräsident der Türkei war, und auch mit Necmettin Erbakan, später, Mitte der Neunziger, der erste türkische Regierungschef mit islamistischen Grundpositionen. Diese Hafterfahrungen hat Oral Calişlar auf seine Weise verarbeitet: in einem seiner Bücher, in dem er von der gemeinsamen Zeit hinter Gittern erzählt.

Im Gefängnis haben früher viele einmal gesessen. „In meiner Generation", berichtet Zülfü Livaneli, „war jeder Intellektuelle mindestens einmal im Gefängnis." Auch heute stehen viele Intellektuelle immer wieder vor Gericht. Im Jahr 2006, als die Beitrittsverhandlungen mit der EU bereits angelaufen waren, registrierte der PEN-Club um die sechzig Verfahren gegen Journalisten, Autoren und Herausgeber. Auch Gefängnisstrafen werden immer noch verhängt, wenn auch nur in weniger Fällen. In der Türkei hört man oft die Ansicht, dass sich die Verhältnisse gebessert hätten – früher sei alles viel, viel schlimmer gewesen. Auch Oktay Ekşi, der Chef-Kolumnist der *Hürriyet*, sagt das. Er ist zugleich der Vorsitzende des Presserats und kann anschaulich berichten, wie er früher an manchen Tagen zwischen seinem Schreibtisch und dem Gerichtssaal pendelte. Zülfü Livaneli verweist zudem auf die Bedeutung des einstigen konservativen Ministerpräsidenten Turgut Özal, der nach der Militärherrschaft 1983 die ersten Wahlen gewann und das kulturell und ökonomisch abgeschottete Land öffnete. Livaneli: „Die Lage heute ist mit der Vergangenheit nicht zu vergleichen. Die siebziger und achtziger Jahre waren schrecklich. Özal gelang dann ein großer Schritt nach vorne zu mehr Liberalität, und er schuf ein Verständnis für die Meinungsfreiheit. Gesetzesänderungen sind wichtig. Verändert hat sich seit Özal aber auch die Mentalität."

Das 2005 reformierte Strafgesetzbuch enthält nach wie vor problematische Bestimmungen. Der Artikel 301 ist inzwischen auf der ganzen Welt bekannt. In Absatz 1 heißt es: „Wer das Türkentum, die Republik oder die Türkische Große Nationalversammlung öffentlich herabwürdigt, wird zu einer Freiheitsstrafe von sechs Monaten bis zu drei Jahren verurteilt." Weiter heißt es in Absatz 2: „Wer die Regierung der Türkei, die Justizorgane, die militärischen Einrichtungen sowie Einrichtungen der Sicherheitskräfte erniedrigt, wird zu einer Freiheitsstrafe von sechs Monaten bis zu zwei Jahren verurteilt." Kritische Auseinandersetzungen etwa mit der kemalistischen Doktrin oder auch mit dem, was dafür gehalten wird, können schnell zu Anklagen führen. Dafür sorgen nationalistische Kreise, die auf diese Weise die öffentliche Debatte in Schach halten wollen. Die Regierung von Recep Tayyip Erdoğan wagte sich bis zu den Parlamentswahlen im Juli 2007 nicht an eine Reform oder gar an die Abschaffung des Artikels 301 heran – trotz der schon damals überwältigenden Stimmenmehrheit der AKP in der Großen Nationalversammlung. Erst nach ihrem haushohen Wahlsieg kündigte die wiedergewählte Regierung eine Reform des Gesetzes an.

Mit solchen Veränderungen allein wäre es noch nicht getan. Die Fortschrittsberichte der EU listen weitere problematische Artikel aus dem Strafgesetzbuch auf. Auch sie grenzen die Meinungsfreiheit ein. Wer etwa vertrauliche Ermittlungsergebnisse veröffentlicht, kann mit Gefängnis bestraft werden. Gefährlich kann es auch sein, ein Gerichtsverfahren zu kommentieren – dies könnte dem Journalisten als versuchte Beeinflussung der Justiz ausgelegt werden, und das wiederum ist ein Straftatbestand. Auch das erst 2006 abgeänderte Antiterrorgesetz ermöglicht es, die Pressefreiheit zu beschneiden. Die Definition von Terrorismus wird darin weit gefasst. Beobachter befürchten, Chefredakteure und Eigentümer von Medienunternehmen könnten mithilfe dieses Gesetzes allzu leicht der Veröffentlichung terroristischer Propaganda oder der Verherrlichung des Terrorismus bezichtigt werden.

Warum man sich in der Türkei so schwer tut, die Meinungsfreiheit vollständig zu akzeptieren, begründet Zülfü Livaneli mit der Geschichte: „Der Untergang des Osmanischen Reiches hat bei den Türken ein Trauma verursacht. Das Territorium schrumpfte auf ein kleines Gebiet in Zentralanatolien. Daraus wollten die Republikgründer eine Nation, die bis dahin nicht existiert hatte, und einen Nationalstaat schaffen. Nicht die Nation hat aber einen Staat geschaffen, vielmehr sollte der Staat die Nation erschaffen. Das versucht man bis heute. Wer daher diesen Staat kritisiert und ihn angreift, greift die Nation an." Hinzu kommt seiner Ansicht nach der stramm anti-kommunistische Kurs des Landes. Was links und verdächtig war, wurde im harmlosesten Fall mit Argusaugen verfolgt. Der Zusammenbruch der UdSSR kam für die türkische Machtelite im Staats- und Militärapparat überraschend. Somit hatte sich das Feindbild in der Realität aufgelöst, und auch die alten Drohgebärden wollten deshalb nicht mehr greifen. Manchen fiel es schwer, sich an solche Veränderungen zu gewöhnen. Dabei sind sie unübersehbar.

Ein Beispiel: Aufschlussreich ist schon immer gewesen, was türkische Medien alles nicht berichtet haben. Jahrzehntelang galten die Streitkräfte als das Tabuthema schlechthin. Die Öffentlichkeit hatte beispielsweise keinen Einblick in das Verteidigungsbudget. Viele wichtige Informationen waren unter Verschluss, und auch nur ausgewählte Journalisten wurden zu den Briefings der Militärs geladen. Wer nicht in ihrem Sinne berichtete, war zu diesem Kreis nicht zugelassen. Diese Informationspolitik hat das Militär sogar noch 2007 beibehalten – etwa beim Besuch des deutschen Verteidigungsministers Jung. Im Zuge der EU-Annäherung hat man allerdings im Großen und Ganzen für etwas mehr Transparenz sorgen müssen. Das Parlament hat einige Gesetze verändert. Unter anderem ist die Bestimmung in der Verfassung aufgehoben worden, nach der staatliches Eigentum im Besitz der Streitkräfte von der Kontrolle des Rechnungshofes ausgenommen war. Noch immer freilich werden viele solcher Daten unter Ausschluss der Öffentlichkeit beraten. Und besonders kritische Medien oder Journalisten haben es schwer, an Informationen zu gelangen.

Die beiden Geschichten von Aydın Doğans Aufstieg und Zülfü Livanelis Exil sagen viel über die Medienlandschaft der Türkei. Sie verweisen auf unterschiedliche, mitunter sogar gegenläufige Entwicklungen: Die Unternehmenskonzentration schreitet seit etwa zwei Jahrzehnten voran, so wie in anderen Ländern auch. Aber gleichzeitig nimmt die Anzahl der Medien und der darin abgebildeten Meinungen zu. Cem Özdemir, der für die deutschen Grünen im Europaparlament sitzt, fasst diese Entwicklung so zusammen: „Das Land weist eine breite Mittelschicht in den städtischen Zentren auf und eine bunte Presselandschaft, die die Interessen der verschiedenen gesellschaftlichen Schichten und Kräfte zur Sprache bringt." Auch die dritte Geschichte in diesem Kapitel zeigt, dass die Türkei an globale Entwicklungen Anschluss gefunden hat – freilich auf tragische Weise.

Es ist die Geschichte von Birgül Işık. Die Frau lebte mit ihrer Familie in Elazığ, einer Stadt in Ostanatolien. Birgül Işık war verheiratet und Mutter von fünf Kindern. Sie wurde ständig von ihrem Mann misshandelt. Schließlich ertrug sie ihr Schicksal nicht mehr. Anfang Mai 2005 riss sie aus. Mit vier Kindern fuhr sie nach Istanbul. Weil sie sonst keinen Ausweg mehr wusste, wandte sie sich an die Polizei. Die Beamten gaben ihr den Tipp, in der populären Fernsehsendung „Stimme der Frau" aufzutreten. Die landesweit ausgestrahlte Sendung lief im Privatfernsehen auf Kanal D. Dort berichtete Birgül Işık ausführlich über ihr Schicksal. Als sie wenige Tage später nach Elazığ zurückkehrte, wartete ihr ältester Sohn am Busbahnhof auf sie. Er war zu diesem Zeitpunkt 14 Jahre alt. Er empfing sie mit den Worten: „Du hast die Ehre unserer Familie zerstört." Dann erschoss er sie mit einem Revolver. Ein Jahr darauf wurde der Junge zu zehn Jahren Gefängnis verurteilt. Sein Vater und ein Stiefbruder, die beide wegen Anstiftung zum Mord angeklagt waren, wurden freigesprochen.

Die Bluttat schreckte die Türkei auf. Sogleich wurde die Talkshow „Stimme der Frau" eingestellt. Die Diskussion über Ehrenmorde hatte zu diesem Zeitpunkt schon begonnen. Nun kam noch eine weitere Debatte hinzu, die zuvor auch schon öfter aufgeflammt war: die Debatte über Fernsehformate, die von türkischen Sendern aus dem Ausland übernommen werden, aber nicht unbedingt mit den Moral- und Lebensvorstellungen vieler Zuschauer kompatibel sind. Da werden in Talkshows die privaten Probleme breitgetreten, und da wird „Big Brother" adaptiert, und dies, obwohl in dem muslimisch geprägten Land die Intimsphäre als unberührbar gilt. Doch die Neugier, um nicht zu sagen: Sensationslust ist überall weit verbreitet. Und so werden auch in der Türkei solche Sendungen angeschaut: Talkshows, Sitcoms, Realityshows, Castingprogramme – es gibt alles. Die Einfälle beziehungsweise Adaptionsideen scheinen so schnell nicht auszugehen: 2006 entwickelte der Privatsender Kanal 1 die neue Reality-Show „He's a Lady" nach amerikanischem Vorbild. Acht Männer sollten sich als Frauen verkleiden und einige Zeit in einer weiblichen Wohngemeinschaft leben. Was dann passiert, sollte die Kamera über 24 Stunden hinweg festhalten.

Wer heute in der Türkei das Fernsehen anschaltet und sich durch die Programme zappt, kann sich auf einiges gefasst machen: auf kreischend Buntes, auf trostloses Verlautbarungsfernsehen, auf modern gestylte Nachrichtenformate. Die ideologische Ausrichtung variiert. Es gibt laizistische Sender, religiös angehauchte Sender, islamische Sender, rechts ausgerichtete Sender, es gibt Sender, die sich der Musik, dem Sport, dem reinen Entertainment, dem Spielfilm, der Serie, der puren Information oder einfach nur der Einschaltquote verschrieben haben. 2006 existierten 14 nationale, 13 regionale und mehr als zweihundert lokale Fernsehsender. Die meisten von ihnen sind in privater Hand, vor allem die mit den großen Marktanteilen. Auch in Deutschland kann man sich zum türkischen Fernsehen zuschalten: 2006 waren in der Bundesrepublik mehr als vierzig Sender über Satellit aus der Türkei zu empfangen. Wie in der Türkei hat das öffentlich-rechtliche Fernsehen TRT auch hier einen deutlichen Einbruch zu verzeichnen. Die Einschaltquote ist zurückgegangen.

Die Vielfalt des Programmangebots ist inzwischen fast so groß wie die Vielfalt der Gesellschaft. Das lässt sich als Beleg für die Kommerzialisierung und für die starke Fragmentierung der Bevölkerung interpretieren, aber auch als Beleg für eine Demokratisierung der Bedürfnisse. Selbst wenn sich das private Fernsehen in erster Linie dem eigenen Profit verpflichtet fühlt, so ist doch eines auffällig: Es kommen mehr Meinungen als früher zu Wort. Die Zuschauer reiben sich inzwischen nicht mehr verblüfft die Augen, wen sie auf dem Bildschirm alles zu sehen bekommen. Zu früheren Zeiten wäre so manche Talkrunde undenkbar gewesen. Die Diskussionssendungen sind unberechenbarer geworden. Lange Zeit war der öffentlich-rechtliche Rundfunk TRT der einzige Anbieter auf weiter Flur. Der Monopolist sah sich der Aufklärung und Erziehung in kemalistischer Manier verpflichtet. Nach dem Putsch von 1971 hatte der Staat die Radiosender endgültig ans Gängelband genommen. Das Fernsehen, das erst in den siebziger Jahren aufkam und sich schnell gegen das starke türkische Kino durchsetzte, kannte erst gar keine anderen Zeiten. Man sendete von Anfang an im Auftrag der nationalen Sache.

1990 freilich änderte sich die Lage. In ihrer Dissertation über *Islamische Fernsehsender in der Türkei* beschreibt sie den umfassenden Wandel, der in dieser Zeit mit Wucht über das Land hereingebrochen ist – und zwar von außen. Nicht der politische Wille, sondern das technisch Machbare schuf neue Fakten: Im Mai 1990 ging Star-1 in Deutschland auf Sendung. Das türkische Programm ließ sich in der Türkei über den Satelliten Entelsat empfangen. Mit einem Schlag hatte der Monopolist TRT einen Konkurrenten. Dabei sah die Rechtslage gar kein privates Fernsehen vor. Mit einiger Verspätung rang man sich in Ankara zu Gesetzesänderungen durch, die dem kommerziellen Rundfunk in der Türkei überhaupt erst eine rechtliche Grundlage gegeben haben. Seither gilt auch in der Türkei das duale System – das Nebeneinander von öffentlich-rechtlichem und privatem Programm.

Zuständig für die Privatsender ist der Hohe Rat für Fernsehen und Rundfunk. Er ist mit neun vom Parlament gewählten Mitgliedern besetzt. Der Rat ist die zentrale Ordnungsinstanz, er teilt unter anderem die Frequenzen und Sendelizenzen zu und prüft die Programminhalte. Auffällig ist die starke wirtschaftliche Konzentration in dieser noch neuen Branche. Der Medienunternehmer Aydın Doğan hat auch hier seinen Einfluss geltend gemacht: Die Sender Kanal D, Dream TV und CNN-Türk gehören zu seiner Holding. Auch andere Unternehmensgruppen sind im Fernsehgeschäft vertreten.

Das private Fernsehen unterliegt vor allem den Gesetzen des Marktes. Und so kommt man auf der Suche nach der gesellschaftspolitischen Relevanz der türkischen Medien wieder zu den Zeitungen zurück. Ihr mannigfaltiges Angebot freilich kann über eine entscheidende Tatsache nicht hinwegtäuschen: Die Reichweite der Presse ist gering, deutlich geringer beispielsweise als in Deutschland. Verlässliche Zahlen sind Mangelware. Aber vielleicht vermittelt dieser Vergleich einen Eindruck von den Dimensionen: Die tägliche Gesamtauflage der türkischen Presse umfasste 2007 gerade einmal 5,5 Millionen Exemplare. Zum Vergleich: Allein die *Bild*-Zeitung in Deutschland kam im selben Jahr auf 3,4 Millionen. Das erstaunt dann zunächst doch. Denn türkische Tageszeitungen haben einen hohen Unterhaltungswert – mit den dicken Schlagzeilen, den saftigen Kolumnen, den Berichten aus der Welt der Stars und von den menschlichen Katastrophen im Alltag.

Aber einmal abseits vom Unterhaltungswert: Wer wissen möchte, woher der Wind in der Türkei machtpolitisch weht, kommt um die *Hürriyet* nicht herum. Der Konzernchef Aydın Doğan hat sie zielsicher erbeutet. Sein Nachname bedeutet Habicht.

8.

Ayşe Böhürler trägt Kopftuch im TV

Modern und muslimisch: Emanzipationsgeschichten aus dem neuen Bürgertum

Eine typisch türkische Bildschirmschönheit ist blondiert, geschminkt und todschick gekleidet, als wäre sie soeben der *Vogue* entstiegen: perfekt vom Scheitel bis zur Zehenspitze in hohen Pumps. Sie wirkt wie das wandelnde Bekenntnis zum westlichen Lebensstil. Dieses Frauenbild strahlt das türkische Fernsehen bis in den hintersten Winkel Anatoliens aus. Man könnte fast meinen, es gäbe kein anderes in dem Land.

Gibt es aber. Wer sich im Ramadan Ende des Jahres 2006 am späten Sonntagabend dem Privatsender Kanal 7 zugeschaltet hat, kennt ein anderes einprägsames Gesicht. Es ist das von Ayşe Böhürler, der Redaktionsleiterin für Kultur und Bildung bei Kanal 7. „Hinter den Mauern" heißt ihre 14-teilige Dokumentation des Frauenalltags in ebenso vielen muslimischen Ländern. Immer dann, wenn sie ihre Recherchen zusammenfassend kommentiert, rückt sie selbst ins Bild. Sie trägt, wie sonst auch in ihrem Leben, Kopftuch.

Die Serie der Journalistin hat in der Türkei einiges Aufsehen erregt. Wie emanzipiert Frauen in Malaysia sind, wie rebellisch im Iran, wie unterdrückt von der männlich interpretierten Tradition in vielen arabischen Ländern, das hatte man in der offiziell säkularen Republik nicht geahnt. Denn auch dort, merkt Ayşe Böhürler kritisch an, hatte man oft einfach die Vorurteile des Westens übernommen, die unweigerlich auf die eine Generalaussage hinauslaufen: Die Muslimin ist die Sklavin ihres Mannes.

Auch Ayşe Böhürler, geboren 1963, ist Muslimin. Jeder kann es sehen. Sie trägt ein weißes Tuch, darunter lugt über der Stirn noch der Rand eines schwarzen Stücks Stoff hervor. Ansonsten hat sie an, was in ihrer Branche viele Frauen anhaben: Pulli, Rock, Stiefel, praktischerweise alles in Schwarz. Sie ist nicht der Typ, der sich lange mit Garderobefragen aufhält. Im Gespräch kommt sie zügig zur Sache, denn die Zeit ist knapp und der Terminkalender voll. Eine Familie, Mann und drei Kinder, hat sie auch; das älteste geht schon zur Universität. Nebenbei engagiert sich die Journalistin in der Politik. 2001 war sie Gründungsmitglied der islamisch-wertkonservativen Partei AKP. Seit November 2006 sitzt sie in dem parteiinternen Gremium, das über grundsätzliche Programmfragen befindet. Die Zielstrebigkeit ist unübersehbar, mit der Ayşe Böhürler seit dem Publizistikstudium an der Universität Istanbul ihre gesellschaftlichen Vorstellungen einbringt. Dass Frauen mitreden, war für sie von Kindesbeinen an selbstverständlich. Sie hatte dieselben Bildungschancen wie ihre drei älteren Brüder. Da machte man in dem konservativen Elternhaus in der zentralanatolischen Provinzstadt Kayseri keinen Unterschied. Auf die Frage, wie sie all ihre Aufgaben vereinbart, gibt Ayşe Böhürler ähnliche Antworten wie berufstätige Mütter anderswo auch: Ohne Organisation und ohne einen Partner, der am selben Strang zieht, geht gar nichts.

So wenig diese Powerfrau dem Sklavinnenklischee entspricht, so wenig tun das jene Frauen, die sie auf ihren wochenlangen Recherchereisen interviewt hat. Nach über zweihundert Interviews resümiert die Journalistin: „Es gibt keinen Typus der muslimischen Frau." Entscheidend für deren Situation seien vielmehr Faktoren wie Bildung, der Einfluss der Tradition sowie die ökonomische und politische Lage. Ayşe Böhürler deutet auf ein Foto, das in ihrem Istanbuler Büro über dem Schreibtisch hängt. Es ist das Porträt einer Frau aus dem Oman. Sie trägt einen Tschador samt Maske, aber im Alltag, berichtet die Türkin voller Respekt, fährt sie Auto und verkauft selbst ihr Vieh auf dem Markt – eine arabische Geschäftsfrau. Jedes Land adaptiert die Moderne auf seine Weise. Diesen Prozess zeigen Ayşe Böhürlers Dokumentationen eindrucksvoll. Aber auch das verschweigt die Autorin nicht: Auf Gewalt gegen Frauen ist sie in vielen Ländern gestoßen. Anschaulich berichtet ihre gut zehn Jahre jüngere Producerin Aslıhan Eker über die repressive Atmosphäre im Iran; sie habe dort das ihr selbst völlig neue Bedürfnis verspürt, sich das Kopftuch herunterzureißen. Den Zwang zur Verhüllung lehnt die junge Producerin entschieden ab, so wie sie auch ein gesetzlich verankertes Verhüllungsverbot ablehnt. Beides gehört für sie in ein und dieselbe Kategorie: Beides ist in ihren Augen ein Eingriff in die individuelle Freiheit der Frau. Aslıhan Eker will selbst darüber befinden, wie sie ihren Glauben lebt und ausdrückt.

Vielleicht muss man solche Widersprüche im eigenen Leben analysiert haben, um differenziert über muslimische Frauen berichten zu können. Frauen wie Ayşe Böhürler haben Übung in derartiger Selbstreflexion. Sie sind Bürgerinnen eines laizistischen Landes, in dem der Schleier geradezu als Inbegriff der Rückständigkeit, ja der Modernisierungsverweigerung schlechthin gilt. Das Kopftuch ist deshalb in der staatlichen Sphäre verboten, und zwar genau genommen dort, wo es um Macht, Repräsentation und Öffentlichkeit geht. Frauen, die für den türkischen Staat arbeiten, dürfen keines tragen. Das gleiche gilt für Politikerinnen mit Mandat, etwa für Abgeordnete der Großen Nationalversammlung in Ankara, und auch für Studentinnen. Seit Ende der neunziger Jahre ist das Kopftuch an den türkischen Hochschulen ausdrücklich untersagt. Wer Kopftuch trägt, kann in einem solchen Umfeld schnell in die Defensivposition geraten.

Noch schneller freilich gerät man mit dem Kopftuch zwischen alle Fronten, wenn man nach eigenen Idealen lebt, ohne den gängigen Bildern zu entsprechen. Ayşe Böhürler kann diese Sandwichposition plastisch beschreiben. In das staatlicherseits vorgegebene Schema der modernen Türkin will sie sich nicht pressen lassen. Aber ebenso wenig möchte sie sich dem Druck konservativ-religiöser Fundamentalisten beugen, die Frauen mit dem Koran zurück ins Haus scheuchen wollen. Es gilt, sich zwischen diesen beiden Kräften selbstbewusst einen eigenen Freiraum zu erkämpfen. Die Journalistin macht keinen Hehl daraus, dass sie dieses Ziel mit aller Entschiedenheit verfolgt. „Ich führe ein modernes Leben", sagt sie, „aber die Werte, die ich vertrete, finde ich zum großen Teil in der Tradition. Manchmal fühle ich mich der Moderne, manchmal der Tradition mehr verbunden. Das Gleichgewicht verschiebt sich von Zeit zu Zeit."

Weil ein Rollenmodell für die religiöse, Kopftuch tragende und zugleich moderne Frau bisher nicht existiert hat, prägen Ayşe Böhürler und ihre Gesinnungsgenossinnen nun selbst dieses Modell. Diese Aufgabe umfasst das ganze Leben. Sie beginnt schon damit, dass die Frauen Stil- und Modefragen klären müssen. Welche Kleidung trägt eine muslimische Frau bei der Arbeit? Was ist praktisch und in der Öffentlichkeit angemessen, vielleicht sogar schick oder individuell und dabei dennoch islamisch korrekt? Die Fernsehjournalistin hat die Tunika für sich entdeckt, die sie über leger sitzenden Hosen anzieht. Sie legt leichte Parfüms auf, weil sie schwere Düfte für unvereinbar mit ihrer religiösen Grundeinstellung hält, die für sie auch etwas mit der bescheidenen Zurücknahme der eigenen Persönlichkeit zu tun hat. Und sie gibt Männern zur Begrüßung die Hand, weil sie dies nicht als eine Frage des religiös definierten Verhältnisses der Geschlechter betrachtet, sondern als eine Frage der Höflichkeit. Aufschlussreich war, dass die türkischen Zeitungen nach der Wahl des AKP-Politikers Abdullah Gül zum neuen Präsidenten im August 2007 genau diese Stilfragen flächendeckend debattierten – am Beispiel der ersten Kopftuch tragenden türkischen First Lady Hay-rünnisa Gül.

Auch andere Frauen berichten, dass sie immer wieder Alltagsangelegenheiten mit der Religion abgleichen. Dieser Check laufe automatisch ab, sagen sie. Und offensichtlich führt er zu höchst unterschiedlichen Ergebnissen. Ayşe Böhür-ler achtet sehr auf die Werte und Moralvorstellungen ihres Glaubens. Sie seien das Fundament einer jeden Religion. Im Ton des sich selbst verpflichtenden Individuums, für das die Religionsfreiheit zu den freiheitlichen Grundrechten zählt, sagt sie aber auch: „Wenn ich mein Leben anschaue: Das, was ich machen wollte, habe ich gemacht. Ich fühle mich zu nichts gezwungen. Allerdings räume ich den Klischeevorstellungen darüber, was eine Frau angeblich nicht tun darf, nicht viel Platz ein. Ich fühle mich als religiöse Frau sehr frei. Schließ-lich habe ich mich selbst entschieden, welche Regeln meinem Leben eine Richtung geben."

Es ist kein Zufall, dass Pionierinnen wie die Fernsehjourna-listin um die vierzig sind. Sie zählen zu der ersten Generation von Frauen und Männern, die der laizistisch-republikani-schen, vom Kemalismus durchdrungenen Elite eine andere Interpretation von Moderne entgegensetzt. Ihre Interpretation von Moderne schließt den Islam mit ein. Sie bezieht sich nicht nur auf die republikanische Gründungsgeschichte, sondern auch auf die osmanische Vergangenheit und deren orienta-lisch-östliche Prägung. Das Volk hat in der anatolischen Pro-vinz nie aufgehört, islamisch zu sein. Doch über Jahrzehnte hinweg war es vom Zugang zu wichtigen Positionen weitge-hend ausgeschlossen. So gesehen gleicht die Veränderung heute einer Ironie der Geschichte: Gerade weil der säkulare Staat mit seiner Erziehungspolitik auch auf dem Land so er-folgreich war, hat sich eine islamische und zugleich bürger-lich-intellektuelle Bewegung formieren können. Ihre Wort-führer sind häufig in anatolischen Kleinstädten oder Dörfern aufgewachsen – dort, wo vor der Gründung der Republik die Bedeutung von Bildung weithin unbekannt war. Doch seit den fünfziger, sechziger Jahren zeichnen sich auch in dieser Hinsicht Veränderungen ab. Damals begann man, seine Kinder auf die Hochschulen in den Städten zu schicken. Heute ist es nicht ungewöhnlich, dass zahlungskräftige anatolische Geschäftsleute ihren Söhnen und Töchtern ein Wirtschaftsstudium in den USA ermöglichen.

Ali Çolak, auch er knapp über vierzig, Literaturwissenschaftler und leitender Kulturredakteur der wertkonservativen islamischen Tageszeitung *Zaman*, verweist auf seinen eigenen Lebenslauf, um diese Veränderung zu illustrieren. Früher sei es doch unvorstellbar gewesen, dass es ein Junge vom Land so weit bringen würde wie er. In dem westanatolischen Dorf, in dem er aufwuchs, standen in seiner Kindheit nur zehn Häuser. Es gab keine Schule und keinen elektrischen Strom. Heute empfängt Ali Çolak seinen Besuch im brandneuen Redaktionsgebäude der Zeitung. Der lichtdurchflutete Glaskasten in der Nähe des Istanbuler Flughafens hat in seiner Unübersehbarkeit etwas Sinnbildhaftes: Die Zeiten, da die laizistische Presse allein das Bild beherrschte, sind vorbei. *Zaman* hat sich seit seiner Gründung 1986 etabliert. Ganz allgemein ist der Marktanteil der islamischen und islamistischen Medien seit den achtziger Jahren rapide gewachsen. *Zaman* sticht aus dem türkischen Zeitungsangebot auf den ersten Blick hervor. Unter den Kolumnisten sind Intellektuelle ganz unterschiedlicher Couleur. Man kann darüber streiten, wie religiös *Zaman* nun wirklich ist. Und noch heftiger lässt sich darüber streiten, wie stark die Redaktion zumindest ideell von dem Prediger Fethullah Gülen abhängt, dem Begründer einer inzwischen weltweit auftretenden, dezidiert islamisch-wertkonservativen, aber die Errungenschaften der Moderne geschickt nutzenden Bildungsbewegung. Redaktionsmitglieder antworten auf Nachfragen eher ausweichend. Deutlich ist jedoch, dass die Zeitung ihre

Themen anders als die Konkurrenz gewichtet. Sie berichtet viel mehr aus dem religiösen Milieu. Sie erweitert das Spektrum der veröffentlichen Meinung. Sie sei, sagt Ali Çolak selbstbewusst, eine Stimme des Wandels.

Seit dem Putsch von 1980 lassen sich die Zeichen dieses gesellschaftlichen Wandels immer deutlicher lesen. Die Militärs propagierten damals die sogenannte türkisch-islamische Synthese. Mithilfe der Religion wollten sie die Gesellschaft auf eine konservative, gemeinsame Linie bringen. Die Generäle gingen davon aus, die Glaubenskraft steuern zu können – so wie auch das Präsidium für Religiöse Angelegenheiten in Ankara als eine Art Zentralbehörde im Auftrag des Staates die islamischen Institutionen des Landes weitgehend kontrolliert. Am Prinzip des Laizismus sollte aber auch nach 1980 nicht gerüttelt werden. Und doch begannen sich in dieser Zeit die Gewichte zu verschieben. Unter Turgut Özal, dem ersten frei gewählten Ministerpräsidenten nach dem Militärputsch, der selbst dem konservativen Nakschibendi-Orden nahestand, begannen die Muslime, sich ihre eigenen Strukturen zu schaffen: in der Wirtschaft, in den Medien und bald auch im kulturellen Leben, angefangen bei der Literatur bis hin zum Film, im Konsumbereich, auf dem Freizeitsektor und sogar bei den Bürgerinitiativen und den Nichtregierungsorganisationen. Die Anwälte der Menschenrechtsorganisation „Mazlum-DER" etwa haben sich mittlerweile den Respekt ihrer Kollegen bei den weltlich-politischen Konkurrenzorganisationen wie dem Menschenrechtsverein IHD erarbeitet; mitunter wird kooperiert, mitunter gemeinsam auf der Anklagebank gesessen. Und auch die karitative Hilfsorganisation „Deniz Feneri" hat sich etabliert. Sie hilft unter anderem den Opfern im Nahostkonflikt und bedient zugleich das Bedürfnis türkischer Spender, Solidarität unter Muslimen zu beweisen.

Soziologen verfolgen diese allgemeine Entwicklung. Die renommierte türkische Wissenschaftlerin Nilüfer Göle, die an der École des Hautes Études en Sciences Sociales in Paris lehrt, stellt ein Grundmuster fest: „Der Islam erkämpft sich den öffentlichen Raum. Er rückt von der Peripherie vor ins Zentrum." Diese Aussage bezieht die Soziologin auf den islamischen Raum ganz allgemein, nicht nur auf die Türkei. Den Vormarsch teilt Nilüfer Göle in zwei Phasen ein. Die erste Phase nennt sie die revolutionäre; einer ihrer sichtbarsten Höhepunkte war der Umsturz im Iran 1979. Die zweite Phase vollziehe sich unter reformerischen Vorzeichen. Ihre Wortführer rekrutieren sich ihren Beobachtungen zufolge aus der neuen gesellschaftlichen Gruppe muslimischer Intellektueller, kultureller Eliten, Unternehmern und bürgerlichen Schichten: „Ihre sozialen Profile resultieren aus der islamistischen Bewegung, aber auch aus dem modernen, säkularen Bildungswesen, aus modernen Marktwerten und modernen politischen Idiomen."

Der Vormarsch gleicht einem ständigen Lern- und Adaptionsprozess. So wie die islamischen Banken das religiös begründete, aber letztlich doch nicht besonders geschäftstaugliche Zinsverbot nach ein paar Experimenten fallen ließen, so wie die Firmen im 1990 gegründeten islamischen Wirtschaftsverband MÜSIAD begriffen, dass die Bilanz unabhängig von der Moral stimmen muss, so haben sich im Zuge der ökonomischen Öffnung der Türkei zur Özal-Zeit im muslimischen Lager auch viele andere professionalisiert. Beflügelt hat sie dabei eine ganz besondere Offenbarung: die Erkenntnis nämlich, dass die Gläubigen, insbesondere in der aufstrebenden muslimischen Mittelschicht, zugleich auch Konsumenten sind, deren Bedürfnisse einen Markt schaffen. So haben sich die muslimisch ausgerichteten Kanäle im Privatfernsehen, das im Zuge der Privatisierung des Rundfunks Anfang der neunziger Jahre aufkam, an die gängigen Formate herangetastet – man weiß, dass sich mit gesitteter Familienunterhaltung bessere Einschaltquoten erreichen lassen als mit einem religiösen Belehrungsprogramm. So hat die Textilbranche die muslimischen Kundinnen entdeckt, die ihre eigenen Vorstellungen von Eleganz und Qualität bedient sehen wollen. Und so bieten Tourismusunternehmen spezielle Reiseangebote an: Frauen und Männer baden am Strand getrennt, und im Restaurant wird kein Alkohol ausgeschenkt. An der türkischen Riviera haben sich einige Hotels auf das fromme Publikum spezialisiert.

Es ist so etwas wie eine parallele, sich immer feiner verästelnde, kommerzialisierte Konsum- und Lebenswelt entstanden. Da werden längst nicht mehr allein kollektive Grundbedürfnisse gestillt, sondern auch individuelle Wünsche und Geschmacksvorlieben befriedigt. Der Politologe Etyen Mahçupyan, lange Zeit Leiter des kritischen, nicht-staatlichen Istanbuler Forschungsinstituts TESEV, spricht nicht nur von einer neuen muslimischen Mittelschicht, sondern auch von einer Diversifizierung der Lebensstile. Er hält sie für einen Bestandteil eines Reifeprozesses. Die Politik greift diese Veränderungen auf. Mitunter freilich kommt das sensible Zusammenspiel von Nachfrage und Angebot aus dem Gleichgewicht, und Aufruhr ist die Folge – etwa wenn übereifrige Lokalpolitiker der AKP den Alkoholverkauf in bestimmten Stadtvierteln verbieten oder freie Parkflächen mit Moscheen zubauen wollen. Im Wahlkampf vor den Parlamentswahlen 2007, vor allem bei der Kandidatenaufstellung, ist dieser Parteiflügel von der Führung an den Rand gedrängt worden. Die AKP war auf das Image einer wertkonservativen, zugleich aber unterschiedliche Lebensstile tolerierenden Volkspartei bedacht. Nach dem Wahlerfolg legten der wiedergewählte Ministerpräsident Erdoğan und seine Kollegen in der Parteiführung auffällig viele Bekenntnisse zum Laizismus ab. Man gab sich offen und tolerant – mit der Kopftuch tragenden Gattin an der Seite. Viel wird davon abhängen, wie sich Präsident Abdullah Gül und vor allem seine Frau in der Öffentlichkeit bewegen.

Es ist vor allem das Kopftuch, das die Veränderungen sichtbar macht – die Frau mit dem Schleier. Früher saß sie daheim am Herd, was vielen, nicht nur dem Ehemann, durchaus recht war. Heute betritt sie den öffentlichen Raum, wird sichtbar und provoziert schon allein deshalb Widerstand. Yıldız Ramazanoğlu kann viel von dem Vormarsch ins Zentrum erzählen. Sie hat inzwischen von der Pharmazie zur Schriftstellerei gewechselt. Sie arbeitet in Fatih, einem geschäftigen Viertel in der Istanbuler Altstadt. Hier ist die Religion im Straßenbild präsent. Die Apotheke ihres Mannes heißt nicht zufällig nach dem heiligen Zemzem-Brunnen in der Nähe der Kaaba in Mekka. 2003 hat Yıldız Ramazanoğlu einen Roman vorgelegt, in dem sie die gesellschaftliche Ausgrenzung von jungen Frauen mit Kopftuch thematisiert: *Ikna Odası* („Das Überzeugungszimmer") erzählt die Geschichte der Studentin Nermin, die ihr Kopftuch nicht ablegen will, um studieren zu dürfen. Sie beugt sich dem Druck nicht. Nermin selbst hält sich für eine Frau, die mit beiden Beinen im modernen Leben steht. Auch Yıldız Ramazanoğlu, geboren 1958 in Ankara und Mutter zweier fast erwachsener Töchter, würde das für sich so in Anspruch nehmen. Und auch sie trägt zu ihrem langen Mantel ein Kopftuch. So unauffällig die Kleidung der Autorin ist, so deutlich signalisiert sie doch ihre Religiosität.

Yıldız Ramazanoğlu fing Mitte der siebziger Jahre an, sich der Religion anzunähern. Damals studierte sie in Ankara Pharmazie. Sie habe ein spirituelles Vakuum gespürt. Die Verwestlichung um sie herum empfand sie als aufgesetzt, sogar in der eigenen Familie. Schließlich kam sie mit Kopftuch zur Vorlesung. Sie erinnert sich an den Schock, den sie den Leuten damit versetzte. Ist das Folklore? Hast du die Grippe? Ungläubige Fragen und Ahnungslosigkeit – das waren die Reaktionen. Die Wut, sagt sie, kam später. In jenen Zeiten der politischen Polarisierung hatte man auch im Intellektuellenlager vor allem Rechts und Links im Visier. Der Islam kam in diesem bipola-

ren Konfrontationsschema nicht vor. Yıldız Ramazanoğlu freilich schuf ihre eigene Synthese: aus Islam und Frauenrecht.
Sie hat einschlägige Autorinnen wie Simone de Beauvoir, Silvia Plath und Virginia Woolf gelesen – und auf ihre Weise verarbeitet. Vom Feminismus westlicher Prägung grenzt sie sich
in entscheidenden Punkten ab. Nicht gegen, sondern mit den
Männern wolle man die Gesellschaft verändern, auch wenn
das schwer sei. Sie kennt die männlichen Beharrungskräfte
und Argumentationsstrategien. Die islamischen Frauenrechtlerinnen werden im eigenen Lager hart angegriffen. Aber die
Autorin setzt auf Wandel, darauf, dass die jungen Frauen Veränderung einfordern. In einem Essay hat sie das so formuliert:
„Töchter aus konservativen Familien wollen nicht in die
Fußstapfen ihrer Mütter treten, die seit Jahren in der Stadt leben und oft nicht einmal in der Lage sind, einen Fahrschein
für die Fähre zu entwerten oder sich außerhalb des Stadtteils
zu bewegen. Sie wollen nicht so werden wie ihre Mütter, die
es nicht geschafft haben, ihre Fesseln zu sprengen, sondern
sich in sich selbst zurückgezogen haben."

Diesen Frauen gibt Yıldız Ramazanoğlu mit ihrer Literatur
eine Stimme. Was sie schreibt, mögen muslimische Konservative, aber auch gestandene Kemalisten als Provokation empfinden, denn die Botschaft der Autorin ist unmissverständlich.
Interessant ist aber auch das Genre, das sie gewählt hat: den
Roman und die Kurzgeschichte. Beides sind gerade im muslimischen Milieu noch eher neue Ausdrucksformen. Vor allem
der Roman galt lange Zeit als westliche Erfindung – und als
moralisch entsprechend bedenklich. Denn er beschäftigt sich
mit dem Individuum samt seiner Privatsphäre und problematisiert somit etwas, das nach traditionell islamischem Verständnis nicht in den Mittelpunkt der öffentlichen Debatte gerückt gehört. Entscheidend ist nicht die Sicht des Einzelnen,
sondern die Gottes. Seit den siebziger, achtziger Jahren freilich hat sich der Roman auch im religiösen Kontext etabliert.

Man hat allerdings mehr seinen Nutzen als seinen unterhaltenden oder gar künstlerischen Wert erkannt: Da behaupten sich muslimische Helden gegen den Materialismus und das Heidentum dieser vom Westen geprägten Welt. Da finden orientierungslose Großstädter endlich Ruhe und Gelassenheit im Glauben. Da gilt es, gefallene Mädchen und andere Sünder zu bekehren. Da werden Erlösungsgeschichten präsentiert, deren didaktische Absicht überdeutlich ist. Neben dem republikanisch-kemalistischen Bildungsroman gibt es nun gewissermaßen auch den islamischen. Zu den anfangs meist männlichen Autoren haben sich viele weibliche gesellt. Und mittlerweile, sagen Literaturexperten, differenziert sich auch diese Literatur immer weiter aus. Der intellektuelle, kreative und ästhetische Anspruch wachse, und hier und da schlichen sich sogar Individualisierungskonflikte in die Handlung ein.

Die Soziologin Nilüfer Göle vertritt die Ansicht, dass sich das kulturelle Programm des Islam im Zuge der Modernisierung immer weiter ausprägt. Die Literatur hat dies schon gezeigt. Es gibt auch ein stattliches Angebot an islamischen Videos und ein islamisches Kino, das sogenannte Weiße Kino (Beyaz Cinema). Seit den neunziger Jahren erzählt es Märtyrergeschichten – und zwar mit unübersehbarem Zeigefinger, nämlich mit einem derart brachialen Willen zur Generalkritik am konsumorientierten und hedonistischen Lebensstil, dass der künstlerische Ausdruck schon mal auf der Strecke bleibt. Die Schauspieler stellen selten Charaktere, sondern meist Stereotypen dar. Der Plot animiert die Zuschauer nicht zur Reflexion, weil die Botschaft in ihrer Eindeutigkeit gar keine eigenen Gedanken zulässt. Dieser Botschaft unterwirft sich letztlich alles – die Regie, das Drehbuch, der Dialog.

Und doch sind die anti-modernistischen Filme ein Zeichen dafür, dass eben diese Moderne auch das muslimische Milieu durchdringt: Schließlich gibt es Produzenten, die ihr Geld in solche Vorhaben stecken. Es gibt Regisseure, die es zu dieser

Ausdrucksform drängt. Und es gibt auch ein Publikum, das solche Filme sehen möchte – junge Pärchen beispielsweise, die sich verhalten wie in anderen Großstädten auch, nur dass die junge Frau ein Kopftuch trägt und einen langen Mantel über der Jeans. Diese Kinobesucher sehen nicht danach aus, als könnten sie bewegte Bilder für moralisch verwerflich halten, sondern eher danach, als hielten sie solche Debatten für abgeschlossen. Schließlich hatte man unter Konservativen in den neunziger Jahren darüber diskutiert, ob das islamische Bilderverbot und das islamische Privatfernsehen kompatibel sind. Das Resultat lässt sich auf mehreren Kanälen besichtigen: Das Thema ist erledigt, das Programm hat sich angeglichen.

Das Muster der islamischen Filme gleicht sich auffällig. Oft steht der typische Stadtmensch im Mittelpunkt, der sich dem hektischen, haltlosen Leben hingibt, aber an einer großen, ihm zunächst rätselhaften Sehnsucht leidet. Im Laufe des Films erkennt er die Ursache. Am Ende wendet er sich dem Glauben zu und findet seinen Seelenfrieden. Massen lockte dieses Kino nicht gerade in die Lichtspielhäuser. Manche Filme freilich laufen gar nicht so schlecht. *Der Imam* (2005) von Ismail Güneş etwa. Der Film kam in der Türkei an. Er wurde im Ausland gezeigt, und man findet ihn auch in türkischen Videotheken in Deutschland. Die Geschichte handelt von Emrullah, einem erfolgreichen Geschäftsmann, der voller Begeisterung eine Harley-Davidson fährt. In seinem Arbeitsleben erzählt er niemandem, dass er eine religiöse Schule für Vorbeter besucht hat, eine Imam-Hatip-Schule. Doch dann erkrankt ein Freund, und Emrullah reist an seiner statt als Imam in dessen Dorf. So beginnt die Erweckungsgeschichte, in der allerdings auch den Dorfbewohnern einiges abverlangt wird, denn ein konventioneller Vorbeter ist dieser Emrullah mit dem Motorrad und dem Computer nicht. In vielen türkischen Filmen wird der typische Imam als ein bigotter Trottel gezeichnet, der Neuerungen schon allein aus angeborener Dummheit misstraut. Der Regisseur Ismail Güneş kontert mit einem Gegenentwurf zu dieser Klischeefigur. Das macht seinen Film interessant. Nebenbei bemerkt: Auch Güneş ist in den Vierzigern. Der Regisseur wurde 1963 im ostanatolischen Samsun geboren. Sein Produzent Mustafa Cihat Kılıc hat selbst eine religiöse Schulbildung erhalten. Auch sie zählen zu der nachwachsenden bürgerlich-muslimischen Schicht, mit der sich viele Veränderungen im gesellschaftlichen und kulturellen Leben bemerkbar machen.

Ins westliche Interpretationsmuster passen solche Veränderungen nicht unbedingt. Geht das denn zusammen: die Globalisierung und zugleich die Glaubensgrundsätze leben? Der Politologe Etyen Mahçupyan löst die Verwirrungen auf, indem er die Deutungshoheit infrage stellt: „Der Westen", sagt er, „kennt nur zwei Erklärungsmuster. Entweder heißt es: Mehr Verwestlichung in der Türkei bedeutet weniger Religion. Oder es heißt: Mehr Religion bedeutet mehr Fundamentalismus." Kemalistische Kreise haben viel von dieser Logik übernommen. Etyen Mahçupyan fordert einen neuen, entspannten Blick auf die Dinge. Die Türkei sei dabei, ihre eigene Synthese zu schaffen. Ähnlich sieht das auch die Schriftstellerin Elif Shafak. Sie erklärt das am auffälligsten Beispiel der Kopftuch tragenden Frau. „Nicht jede Frau, die ein Kopftuch trägt, ist automatisch eine Fundamentalistin. Wir müssen lernen zu differenzieren. Das Bild ist viel komplexer." Und sie folgert ganz grundsätzlich, die türkische Elite müsse ihren Frieden mit dem Islam machen.

Es ist kein Zufall, dass beide, Mahçupyan und Shafak, Kolumnen für die bürgerlich-muslimische Tageszeitung *Zaman* schreiben – wofür sie sich, wie die Autorin erzählt, oft Beschwerden und Schimpftiraden von Kemalisten anhören müsse. Natürlich gehören der Wissenschaftler, der aus einer armenischen Familie stammt, und die Autorin, die als Tochter einer alleinerziehenden Diplomatin der Türkei zumeist im Ausland aufgewachsen ist, der türkischen Gesellschaft an. Nicht zuletzt ihre untypische Situation aber hat sie zu einem kritisch-distanzierten Blick erzogen. Sie erkennen, dass verbindende Brücken fehlen. Beide wollen diese Brücken über die trennenden Gräben bauen. Und so pflegen sie Verbindungen zu muslimischen Kreisen. Auch andere treiben diesen Brückenbau voran. Elif Shafak ist der Ansicht, dass die Männer bei diesem Vorhaben schon viel weiter gekommen sind als die Frauen. Und das wiederum hat mit dem übergroßen Symbolwert des Kopftuchs zu tun.

Das Kopftuch sei zum „Dreh- und Angelpunkt des türkischen Kulturkampfs" geworden, heißt es in einer Studie des Forschungsinstituts TESEV, die im November 2006 unter dem Titel *Religion, Gesellschaft und Politik in der sich wandelnden Türkei* veröffentlicht worden ist. Aus der repräsentativen Befragung von knapp 1500 Bürgern in der gesamten Türkei folgern die Forscher, dass die Angst vor dem Fundamentalismus nicht gerechtfertigt ist. Sie stellen nämlich einen deutlichen Wandel fest: Mehr Bürger als früher bezeichneten sich als religiös, aber gleichzeitig werde ihre religiöse Identität immer säkularer. Deutlich ging nach Angaben der Untersuchung die Anzahl derjenigen zurück, die sich auch in der Türkei die Scharia wünschen: von 21 Prozent (1999) auf neun Prozent. Kaum ein Türke sei zudem der Ansicht, dass sich Selbstmordattentate im Namen der Religion rechtfertigen ließen.

Diesen Zahlen stellen die Forscher allerdings andere gegenüber: Sie belegen eine ausgeprägte Furcht vor dem Islamismus. Insbesondere im säkularen Milieu und unter Aleviten ist die Angst weitverbreitet. Siebzig Prozent aller Befragten, die sich selbst als säkular oder als links einstufen, sind der Ansicht, dass die Zahl der Kopftücher zunimmt. Folgt man der Untersuchung, so klaffen Wahrnehmung und Wirklichkeit auch hier auf fast bizarre Weise auseinander: 1999 trugen

16 Prozent den „Türban", das modern-islamistische Kopf-tuch, das einzig das Gesicht freigibt, nun sind es elf Prozent. Der Tschador, der in der Türkei als *çarşaf* bezeichnet wird, ist völlig auf dem Rückzug: Ihn tragen heute drei Prozent der Türkinnen, 1999 waren es noch acht Prozent. Auch das tradi-tionelle Kopftuch wird weniger als früher benutzt: 1999 trugen es 75 Prozent der Türkinnen, 2006 sind es sechzig Prozent.

Das wahre und gar nicht zu bestreitende Elend unter-drückter türkischer Frauen hat oft genug mit dem Kopftuch gar nichts zu tun, sondern viel mehr mit dem patriarchali-schen System, mit Gewalt, Rückständigkeit und archaischen Vorstellungen, die zu Blutrache und Ehrenmord führen. Das sind die wahren Probleme. Über sie wird inzwischen mehr als früher debattiert. Aber so richtig in Fahrt gerät die öffentliche politische Diskussion beim Kopftuch. Die Politologin Ayşe Kadıoğlu, die im muslimischen Frauenmilieu geforscht hat, wundert sich nicht über die Zahlen. Je weniger öffentlicher Druck auf die Frauen ausgeübt wird, desto unwichtiger wird ihrer Meinung nach auch das Kopftuch als politische Aussage werden. „Das Verbot radikalisiert", sagt Ayşe Kadıoğlu. Die Wissenschaftlerin von der privaten Sabancı-Universität plä-diert für einen Sichtwechsel: Es sei Zeit, das Kopftuchthema als Bürgerrechtsthema wahrzunehmen. Es könne doch nicht angehen, dass ein Staat, dessen Bürgerinnen zum Teil ein Kopftuch tragen, diese Bürgerinnen ausgrenzt: von der Hoch-schulbildung oder, wie auch schon geschehen, vom Recht, sich als Angeklagte vor Gericht zu verteidigen. In ihrer ersten Legislaturperiode hat die AKP, die gegen das Verbot des Kopf-tuches ist, die Aufhebung dieses Gesetzes nicht forciert. Poli-tische Beobachter sind gespannt, ob das Thema in der neuen Legislaturperiode der AKP wieder auf die Agenda kommt. Im Wahlkampf jedenfalls wurde es auffällig heruntergespielt.

Wie überall und zu allen Zeiten: Es gibt auch Frauen, die ihren Weg gehen, so als gäbe es all diese seltsamen Widrigkeiten nicht. Mutlu Alkan zählt zu ihnen. Sie ist Anfang dreißig und Chefin des Istanbuler Bügeleisen- und Pressenunternehmens Malkan mit über 160 Mitarbeitern, das in mehr als fünfzig Länder exportiert. Mutlu Alkan trägt Kopftuch, farblich abgestimmt auf ihr Lederkostüm. „Mein Kopftuch zeigt nicht, dass ich religiöser als andere Menschen bin", sagt sie. Sollen die einen doch Kopftuch tragen, die anderen nicht, soll doch jede es so halten, wie sie es für richtig hält. Im Grunde hält Mutlu Alkan solche Kopftuchdebatten für Zeitverschwendung. Die Unternehmerin ist Betriebswirtin, verheiratet und Mutter eines kleinen Kindes. Sie liebt ihre Unabhängigkeit. Ihr Vater, ein Selfmademan und Unternehmensgründer, und ihre Mutter, eine gebildete Istanbulerin, vermittelten ihr beides, Religion und Eigenständigkeit.

Als Mutlu Alkan 1998 das Unternehmen vom Vater übernahm, war sie in Istanbul-Unkapanı, wo viele wichtige türkische Firmen in sechs Betonblöcken ihre Büros haben, die einzige Frau weit und breit. Heute sieht man dort zahlreiche junge Frauen – mit und ohne Kopftuch. Einige – mit und ohne – sitzen auch bei Mutlu Alkan im Vorzimmer. Diese Frauen sehen so aus, als könnten sie sich etwas anderes als die Freiheit der eigenen Entscheidung in der Kopftuchfrage gar nicht vorstellen – als wäre dieses Recht für sie ein Stück pluralistischer Lebenskultur.

Veränderungen brauchen ihre Zeit. Wie lange wohl? Die Fernsehjournalistin Ayşe Böhürler, die für ihre Dokumentation viele Länder bereist und in manchen noch größere Widersprüche als im eigenen Land vorgefunden hat, lehnt sich entspannt zurück, bei Kaffee und Zigarette. Dann sagt sie locker: zehn Jahre. Die Bedingungen des Zusammenlebens in der Moderne zwängen alle zu Veränderungen.

9.

Burak Turna gehört
zur Mehrheit unter 35

Türkischer Generationengegensatz:
„Die Jungen schauen nach vorn, die Alten zurück"

Wer sich in den dichten Prozessionszug der Istanbuler Flaneure einreiht, wer sich von ihnen durch die Istiklal-Straße im geschäftig-pulsierenden Beyoğlu schieben lässt und dabei in die Gesichter der Passanten blickt, bemerkt vor allem eins: Westeuropa ist alt, und die Türkei ist jung – je schwärzer die Nacht, desto krasser fällt einem dieser Unterschied auf. Dann nämlich übernimmt das junge Partyvolk endgültig die Vorherrschaft auf den angesagten Ausgehmeilen der Bosporusstadt, in den schicken Vergnügungsschuppen, den Tanztempeln und Edelbars. Nicht alle Nachtschwärmer haben Geld in der Tasche. Aber auf und ab stromern kostet nichts. Die Jeunesse dorée genehmigt sich derweil Cocktails zu internationalen Metropolenpreisen, etwa im „360 Grad" mit seinem phänomenalen Rundumblick auf Istanbul. So außerirdischmondän wie aus diesem Glasufo auf einer Hochhausspitze blickt es sich an wenigen Orten auf die historische, zwei Kontinente überspannende Stadt. Solche Gegensätze verschaffen den ganz besonderen Kick.

Längst hat auch die internationale Ausgehszene die Megacity für sich entdeckt. Wochenendtrips sind en vogue: ankommen, eintauchen, abtauchen; geschlafen wird nach dem Rückflug zu Hause. Im „Reina", der Mutter aller Luxusclubs in dieser nimmer schlafenden Stadt, zappelt eine Blondine aus New York auf der Tanzfläche direkt am Bosporus. Sie trägt

High Heels und tiefen Ausschnitt. Morgens um vier Uhr ist auch sie mal kurz aus der Puste. Schnell nippt die junge Frau an ihrem Drink – keine Zeit für einen Blick auf die funkelnden Lichter der Bosporusbrücke, die sich jenseits der Fensterfront über das Gewässer spannt. „New York ist cool", sagt die Mittzwanzigerin und lacht kokett, „aber Istanbul ist cooler." Die Stimmung im Nachtclub ist enthemmt. Aber das Exzessive hat etwas von einem grandiosen, nicht wirklich gefährlichen Theaterspiel. Lästige Anmache verhindert der unauffällige Herr vom Sicherheitsdienst. Diskret weist er eine Gruppe von Besucherinnen auf seinen Service hin: „Wenn hier ein Mann ist, der Sie stört, sagen Sie das. Wir regeln das."

Die Lifestylemagazine berichten vom Nachtleben am „hippen Horn". Es ist modisch geworden, vom Groove dieser Stadt zu erzählen. Er trägt seine Besucher wie auf einer samtig-weichen Welle davon. Und so gleitet man hinweg über die harten, erbarmungslosen Seiten Istanbuls; sieht nicht, was es bedeutet, auf diesem Pflaster ums Überleben zu kämpfen; weiß nicht, wo die bettelnden, Klebstoff schnüffelnden Kinder, die man nachts auf der Istiklal-Straße sieht, ihr Zuhause haben; ahnt nicht, was für eine Zukunft die grau uniformierten Schülerscharen erwartet, die man in den Vorstädten weit draußen an den Bushaltestellen sieht. Anderes dagegen kommt den Partyhoppern aus dem Ausland bekannt vor: Die Ladenfassaden im Zentrum glitzern wie in anderen Großstädten auch. Nike, Puma und andere Global Players haben in Istanbul ihre Protzfilialen eröffnet. Die Jugend kleidet sich im internationalen Jeans- und Sneakersstil. Man trinkt Cola und Starbucks-Coffee und will konsumieren wie anderswo auch, wie in New York, London oder Tokio.

Konsum und Kommerz, Style und Design – Istanbul ist, was das angeht, in den vergangenen Jahren stilprägend geworden. Internationale Trendscouts erkunden die hybride Kultur der west-östlichen Stadt, in der sich die unterschiedlichen

Stile wie von selbst zu kreuzen scheinen. Das Hybride zu hypen, fällt hier nicht schwer. In Modefragen lässt sich das gut beobachten. Immer wieder wird da westlich-puristisches Design und orientalische Opulenz fusioniert. Die Türkei ist längst dabei, sich vom Schicksal des Billigproduzenten und Ideenlieferanten zu befreien. So wie das Land nicht mehr nur eine überdimensionale T-Shirt-Fabrik von Europa ist, so sind auch die Ateliers der Bosporusstadt nicht mehr nur die verlängerte Werkbank der westlichen Designerstudios. In den Boutiquen, den Einkaufsmeilen und luxuriösen Shoppingmalls hängen die türkischen Labels neben denen aus Paris oder Mailand. Die großen, international agierenden Warenkonzerne haben dort inzwischen ihre Filialen aufgemacht, und es ist ganz so, als hätten die Menschen nur darauf gewartet. So tummelten sich bei der Eröffnung des Media Marktes im Istanbuler Stadtteil Ümraniye im Sommer 2007 mehrere tausend Kunden. Gleich am ersten Tag wurden über fünftausend Fernseher verkauft. Die nächste Filiale ist schon in Planung. Saturn, Media Markt, Ikea – und wie sie alle heißen: Auch sie profitieren vom Konsumfieber der jungen, aufbruchslustigen Türkei.

Natürlich träumen auch junge Türken vom Konsum – vom schicken Handy und anderen elektronischen Neuheiten, von modischer Kleidung und einem modernen Lebensstil. Wie in anderen Ländern auch sind die nachwachsenden Generationen in die globale Konsum- und Kommerzkultur hineingewachsen – selbstverständlicher als noch die Älteren. Doch anders als in Westeuropa stellen die Nachwachsenden in der Türkei die Mehrheit. Offiziellen Statistiken zufolge sind siebzig Prozent der Türken unter 35 Jahre alt. Das heißt: Sie haben den Putsch von 1980, wenn überhaupt, allenfalls als Kind miterlebt. Ihre prägenden Jugendjahre aber sind andere, nämlich spätere Zeiten gewesen: die Zeit des ökonomischen Aufbruchs und der allgemeinen Öffnung, die Mitte der achtziger Jahre unter der Federführung von Turgut Özal, dem ersten frei gewählten Ministerpräsidenten nach dem Militärputsch, begonnen hat. Und auch wenn sehr viele junge Türken nicht wirklich am Konsumleben teilhaben können, weil sie das Geld dazu gar nicht haben, so heißt das nicht, dass dieses Konsumleben für sie keine Bedeutung hätte. Allein schon via Fernsehbildschirm sind die Verheißungen der schönen Warenwelt in jedem noch so armseligen Wohnzimmer präsent.

Burak Turna ist wie siebzig Prozent seiner Mitbürger im ganzen Land unter 35 Jahre alt, und auch ihn treibt es wie so viele junge Istanbuler zur Verabredung nach Beyoğlu. Als Treffpunkt hat er eine Ecke in der Nähe des Taksim-Platzes genannt. Plötzlich steht er da, wie aus dem Nichts – ein schon leicht angegrauter Schlaks in olivgrüner Cargohose und ausgewaschenem Sweatshirt, vom Scheitel bis zur Sohle ziemlich lässig und urban. Den Abschluss in Betriebswirtschaft an einer amerikanischen Universität auf Nordzypern hat er schon eine Weile in der Tasche. Doch er verdient sein Geld heute auf andere Weise: Burak Turna schreibt Bestseller. Seine politische Science-Fiction funktioniert stets nach demselben effekthascherischen Strickmuster. Die allgemeine Lage wird derart zugespitzt, verzerrt und vereinfacht, dass sich eine brandgefährliche, aber natürlich thrillertaugliche Krisensituation ergibt. Die westliche Vorherrschaft entlarvt sich als fragil, und dann schlägt die Stunde des türkischen Retters. Die nationalistisch aufgemotzte Geschichte lenkt ab von einer weiteren, unterschwelligen Botschaft: Burak Turnas errettende Helden sind jung, sie mühen sich ab im Kampf gegen die (natürlich meist älteren) Mächtigen, gegen Bedenkenträger und Besitzstandswahrer – aber am Ende obsiegen sie, und die Zukunft gehört ihnen.

Der junge Autor schreckt vor Übertreibungen nicht zurück. Sie seien ein Gesetz der Fiktion, sagt er nonchalant. Genau genommen interessiert ihn das Literarische weit weniger als das Politische: Turna sieht die Welt vor einem Paradigmenwechsel, in dessen Folge das Machtgefüge neu austariert wird. Die packende Handlung, den einfachen Schreibstil, die Referenzen an den türkischen Massengeschmack – all das setzt er ein, um seinen Gedanken eine breite Öffentlichkeit zu verschaffen. „Wer etwas erreichen will, muss radikal, grob und mutig sein." Auf diese Weise hat sich Burak Turna sein Publikum erobert. Im Gespräch berichtet er davon so sachlich wie ein Doktorand, der seine Versuchsanordnung im Labor erläutert. Dabei geht es um Experimente mit explosiver Mischung. Schon sein erstes Buch *Metallsturm*, das er mit seinem Ko-Autor Orkun Unçar verfasst hat, ist eine derbe Kriegsgeschichte. Da ergreifen die Amerikaner Partei für die Kurden, intervenieren militärisch und stoßen schließlich mit türkischen Truppen im Nordirak zusammen. US-Bomben fallen auf Istanbul und Anatolien. Doch dann reist ein türkischer Agent nach Washington, um dort – radikal, grob und mutig – die Atombombe zu zünden.

Mehr als eine halbe Million Exemplare sind vom *Metallsturm* in der Türkei verkauft worden. Man kann darüber spekulieren, ob das Buch nicht auch eine Art Inspiration für den Blockbusterfilm *Tal der Wölfe* gewesen ist; rückblickend kommt einem da manches verdächtig bekannt vor. Seinen Erfolg hat sich Burak Turna vorbei am intellektuellen Establishment seines Landes erschrieben. Im Jahr 2004 galt es noch als ein Sakrileg, offen die gestörten türkisch-amerikanischen Beziehungen zu thematisieren. So wie erst kein Verlag sein Manuskript anfassen wollte, so ignorierten auch die Medien zunächst das Debüt. „Es war Zensur", behauptet Burak Turna, um dann nicht ohne Triumph in der Stimme hinzuzufügen: „Aber wir haben die Zensur durchbrochen." Man mag von den Turna-Bestsellern halten, was man will. Aber an der Frage, weshalb die Kriegs- und Umsturzfantasien ein solches Echo auslösen, kommt man nicht vorbei. Umfragen der vergangenen Jahre zufolge sehen immer mehr Türken ihr Land auch längerfristig nicht in der Europäischen Union. Das Gefühl, nicht gewollt zu sein, wächst. Halt bietet im verletzten Stolz, was eigene Stärke suggeriert. Zur Not kann das auch ein Agent namens Oğuz Çelikyürek sein, ein Mann namens Stahlherz, der mit seiner Eliteeinheit kurzen Prozess macht mit dem sich ausbreitenden rassistisch-braunen Mob in Europa – so nachzulesen in *Der Dritte Weltkrieg*.

Burak Turna legt Wert auf die Feststellung, nichts gegen die westliche Kultur zu haben. Er sei gereist, auch nach Deutschland. Den Vorwurf, nationalistische Gefühle zu entfachen, weist er gelassen zurück. Doch der Aufschrei, den seine Bücher auslösen, ist ihm nicht unangenehm. Eine solche Wirkung sei nötig, um schlechte Entwicklungen wahrnehmen und stoppen zu können. „Ich präsentiere keine Lösungen. Ich bin ein Warner." Was er so unter Warnungen versteht, richtet sich nicht zuletzt an die herrschende Elite des Landes, von der er sich nicht wirklich vertreten fühlt. Das klingt ein wenig nach Provokation, nach Übertreibung und Inszenierung. Doch dann spricht der junge Autor von den Meinungsgegensätzen der Gruppen und Generationen in seinem Land – darüber, was es bedeutet, dass die Mehrheit nach dem Militärputsch von 1980 geboren worden ist, dass sich also die meisten Türken die Repressionen jener Zeit und auch die ebenso polarisierte wie enthemmte politische Eskalation der siebziger Jahre gar nicht mehr vorstellen können, und auch darüber, was es bedeutet, dass die Macht und Deutungshoheit in der Gesellschaft noch immer vorrangig in den Händen der Älteren liegen, der Zeitzeugen von Polarisierung und Putsch.

Wie kann das funktionieren in einem Land, in dem der Altersdurchschnitt bei 26,8 Jahren liegt? Was viele seiner Altersgenossen aus traditionellem Respekt gegenüber dem Alter so nicht formulieren würden, spricht der Istanbuler offen aus: Die Jugend, sagt er, sei viel zu unpolitisch, denn man habe ihr von Kindesbeinen an abgewöhnt, kritisch zu denken. Stattdessen habe man die nachwachsenden Generationen mit den alten Ideologien abspeisen wollen. Doch das funktioniert nach Burak Turnas Ansicht nicht mehr. „Die Generationen in der Türkei schauen in ganz unterschiedliche Richtungen", stellt er fest. „Die Alten blicken zurück in die Vergangenheit. Und die Jungen schauen nach vorn in die Zukunft." Und so habe man in vielen Fällen die gemeinsame, generationenübergreifende Gesprächsgrundlage längst verloren. Der starke Familienzusammenhalt täusche über diesen unbearbeiteten Grundgegensatz hinweg. Dabei gibt es in der jungen Bevölkerung sehr viele Probleme, über die nicht nur nach Burak Turnas Ansicht dringend mehr geredet werden müsste: die beträchtlich hohe Jugendarbeitslosigkeit von um die 18 Prozent, die rasant nachwachsende, aber nicht zu stillende Nachfrage nach Bildung und vor allem der schlechte Bildungszugang weiter Bevölkerungskreise.

Die Chancen der Jugend stehen und fallen mit der Chance auf Bildung. In berühmten Reden pries bereits Mustafa Kemal Atatürk die Bedeutung der Jugend für die Zukunft des Landes. Auf diesen zentralen Punkt verweist auch die Verfassung. Dort liest sich das so: „Der Staat trifft die Maßnahmen zur Gewährleistung der Entwicklung und Erziehung der Jugend, welcher unsere Unabhängigkeit und unserer Republik anvertraut sind, im Lichte der Naturwissenschaft, im Sinne der Prinzipien und Reformen Atatürks und gegen Anschauungen, welche die Aufhebung der unteilbaren Einheit von Staatsgebiet und Staatsvolk zum Ziel haben." Seit gut hundert Jahren feiert die Türkei am 23. April jedes Jahres den Tag des Kindes. An jenem Tag übernehmen die Kleinen symbolisch die Macht: In Rathäusern, am Regierungssitz des Ministerpräsidenten und sogar in den Amtsräumen des Staatspräsidenten wuselt der Nachwuchs, schüttelt den Mächtigen die Hand und darf auf den Stühlen Platz nehmen. Darüber hinaus freilich herrscht im Alltag die Macht des Faktischen: Jeder vierte Türke ist im schulpflichtigen Alter – und die bildungspolitischen Herausforderungen, die eine derart extreme Zahlenrelation mit sich bringt, sind immens.

Die Regierung hat sich vorgenommen, das zentralistische Schulsystem zugleich auszubauen und den modernen Anforderungen anzupassen. 1997 wurde die Schulpflicht von fünf auf acht Jahre ausgeweitet. Der Übergang zur Sekundarschule erfolgt nun nach der achten Klasse. Doch trotz aller politischer Anstrengungen sind viele Missstände nur schwer zu beseitigen: Noch immer sitzen in den Klassen bis zu fünfzig Schüler, mitunter sogar mehr. Noch immer reicht mancherorts die Infrastruktur nicht aus, sodass die in Gruppen aufgeteilten Schüler getrennt unterrichtet werden müssen, die einen am Vormittag, die anderen am Nachmittag. Noch immer werden längst nicht alle Kinder zur Schule geschickt, trotz landesweiter Kampagnen für die flächendeckende Einschulung: Schätzungsweise 600 000 Mädchen im schulpflichtigen Alter haben keine Chance, Lesen und Schreiben zu lernen. Und noch immer spielt es eine zentrale Rolle im Leben eines Kindes, ob die Eltern seine Schulbildung finanziell unterstützen können oder nicht – ohne dass der Staat diese unterschiedlichen Startchancen ausgleichen oder auch nur mildern könnte: Wer es sich leisten kann, schickt seinen Nachwuchs auf private Schulen oder zumindest auf eines der unzähligen Privatinstitute, die am Nachmittag den Stoff vertiefen, den die Kinder an den staatlichen Schulen gelernt haben.

Dass die Jugendlichen selbst ein Gespür für diese Missstände haben, lässt sich auch in Untersuchungen nachlesen. Ende der neunziger Jahre hat die Konrad-Adenauer-Stiftung die Stimmung unter den türkischen Jugendlichen erkunden lassen. Darin zeigt sich einerseits die starke Familienbezogenheit: Die jungen Leute haben Vertrauen in die Erwachsenen, fühlen sich den Sitten und Gebräuchen verpflichtet und der Religion verbunden. Andererseits wünschen sie sich aber auch mehr Kommunikation. Sie äußern die Hoffnung, dass die Lehrer und auch die Politik im weitesten Sinne dazu beitragen, Probleme wie Arbeitslosigkeit und unzureichende Bildungsmöglichkeiten zu bewältigen. Jeder zweite Befragte jedoch geht zugleich davon aus, dass die Parteien sich nicht für die Belange der Jugend interessieren. Sechzig Prozent sehen sich gar von Möglichkeiten zur Mitbestimmung ausgeschlossen. Dennoch äußerten sich die nachwachsenden Generationen in der Umfrage tendenziell optimistisch. In diese Richtung weist auch das schlaglichtartige Ergebnis einer neueren Studie. 2006 ließ die Hamburger Körber-Stiftung die Ansichten von Deutschen und Türken vergleichen. In beiden Ländern sagten die Befragten, ihre Länder seien im Umbruch – allerdings zeigten sich die Türken weniger furchtlos angesichts der Veränderung.

Der Wissenschaftler Etyen Mahçupyan sieht in dieser Einstellung einen wichtigen Wandel. „Die Jugend", sagt er, „glaubt heute, überall leben zu können. Sie ist in der globalen Welt angekommen." Für entscheidend hält er auch den Einfluss der jungen türkischen Diaspora in Europa auf die Jugend in der Türkei. Millionen Türken hätten Verwandte und Bekannte in Europa – und das, beobachtet der Politologe, „bringt neue Ideen in die Türkei". Und auch auf diese Weise, schleichend, unaufhaltsam, auf der privatesten aller Ebenen, wird das Land von der europäischen Kultur durchdrungen. Wer sich mit städtischen Jugendlichen unterhält, möchte dieser Sicht gerne zustimmen: Das Globale gehört zum Alltag. Mit größter Selbstverständlichkeit wird über Zukunftspläne diskutiert, die ins Ausland führen, vorzugsweise in die USA. Seit ein paar Jahren nimmt die Türkei auch teil an den Austauschprogrammen Erasmus und Leonardo. Zunehmend kommen europäische Studenten für ein Semester an den Bosporus – denn gelehrt wird auch hier zum Teil auf Englisch. Gelassen fasst Etyen Mahçupyan die generationsspezifischen Verschiebungen zusammen: Noch hätten die Jungen die Schalthebel der Macht nicht erreicht. „Oben wird in einer Sprache gesprochen. Unten hört man viele Stimmen."

Ganz andere Stimmen hört man beispielsweise, wenn man die Bürgerinitiative „78er-Bewegung" besucht, die in einer Seitenstraße in Beyoğlu ihren Sitz hat. Die Organisation hat sich zum Ziel gesetzt, die Putsch-Vergangenheit aufzuklären, die Zeit nach dem Staatsstreich des Militärs vom 12. September 1980 also. Die jungen Studenten, die zu dieser Initiative gefunden haben, haben ihr politisches Interesse längst entdeckt. Sie wollen sich ein eigenes Bild von der jüngeren Vergangenheit ihres Landes machen. Doch sie stellen zugleich fest, wie umfassend die älteren Generationen dafür sorgen, dass diese Vergangenheit gar nicht erst zum Thema wird. „Unsere Eltern haben uns nichts vom Putsch erzählt", sagt einer der Studenten. „Sie haben Angst, dass unser politisches Interesse uns in Schwierigkeiten bringen könnte. Sie selbst haben diese Schwierigkeiten in den siebziger Jahren und in der Militärzeit erlebt. Sie haben gelitten, sie haben vielleicht sogar im Gefängnis gesessen. Deshalb haben sie alles dafür getan, um die Politik von ihren Kindern fernzuhalten. Sie haben uns unpolitisch erzogen, um uns zu schützen." Die Studenten beobachten das Ergebnis dieser Erziehung auch bei ihren Kommilitonen: Am wichtigsten sei es doch für viele, sich gute Berufschancen zu verschaffen, um Karriere zu machen und Geld zu verdienen. Wer vor allem dieses Ziel verfolgt, muss nicht unbedingt lernen, kritische Fragen zu stellen.

Die Konsum- und Kommerzkultur hat dazu beigetragen, das Land zu öffnen. Aber sie trägt auch dazu bei, dass so manches einfach glattgeschliffen wird. Die stark politisierte Generation der Älteren sieht den Großteil der jungen Leute auf einer unpolitischen Welle davontreiben – gewissermaßen wie die Nachtschwärmer auf der Istiklal-Straße, die vom dichten Prozessionszug der Flaneure mitgerissen werden. Die jungen Leute aber fühlen sich inmitten dieses Trubels frei.

10.

Aynur ist Kurdin und singt
auf Kurdisch

Von der Hoffnung, dass Kultur die Konflikte
überwinden hilft

Es war einmal ein Mädchen, das hatte eine wunderschöne
Stimme, so rein, so klar und so kräftig. Von Kindesbeinen an
lernte es die Lieder der Eltern, Großeltern und Urgroßeltern.
Bald wusste es auch, wie man auf der Laute spielt. Musik und
Poesie, das war seine Welt. Das Mädchen wuchs mit den Epen
der Barden auf, die ins Dorf kamen. Dort lauschte man diesen
Männern, doch man tat es im Verborgenen. Aus Stolz und
auch aus Angst. Denn nicht weit weg lebten Menschen, die
mochten es gar nicht, was in dem Dorf gesungen wurde. Nicht
einmal wenn es aus der Kehle eines Mädchens kam. Sie wollten, dass seine Sprache verstummte. Es sollte stattdessen ihre
Sprache sprechen.

Was wie ein altes Märchen klingt, ist in Wirklichkeit gar
keins, sondern ein Kapitel Zeitgeschichte, das vor etwas mehr
als drei Jahrzehnten begonnen hat. 1975 wurde Aynur Doğan
im südostanatolischen Çemişgezek geboren. Das Dorf liegt in
der Provinz Tunceli. In alten Zeiten hieß dieses Gebiet Dersim,
doch der kurdische Name ist in den frühen Jahren der neu gegründeten türkischen Republik offiziell abgeschafft worden.
Der türkische Name lässt sich mit „Eiserne Faust" übersetzen.
Mit eiserner Faust hatten Regierungstruppen in den dreißiger
Jahren den kurdischen Aufstand in der Region niedergeschla-
gen. Das Mädchen Aynur war keine zehn Jahre alt, da brach
ein anderer Konflikt gewaltsam aus: der kurdisch-türkische

Dauerkonflikt im Osten des Landes. Die Guerillaorganisation PKK (Partiya Karkeren Kurdistan) begann für die Selbstbestimmung der Kurden zu kämpfen, gegen den Widerstand aus Ankara. Ein Terroranschlag 1984 gilt als Auftakt der militärischen Auseinandersetzungen in Ost- und Südostanatolien. Man sagt heute in der Türkei, dass weit über 30 000 Menschen in dem schmutzigen Krieg gestorben sind. Es kommen immer noch Tote hinzu, auf beiden Seiten.

In einem solchen Umfeld heranzuwachsen, ist schwer. Wie tief das prägt, spürt man, wenn Aynur Doğan heutzutage von ihrer Berufung spricht. Die zierliche Frau mit der Lockenpracht sieht gar nicht wie eine Kämpferin aus, aber was sie auf ihre ernste, beharrliche Art sagt, wäre noch vor ein paar Jahren als Kampfansage aufgefasst worden: Sie will in ihrer Muttersprache singen, auf Kurdisch. Die Musikerin spürt ein tiefes Verlangen, ihre kurdische und ostanatolische Kultur zu bewahren. Dazu gehören für sie auch die Lieder ihrer alevitischen Religionsgemeinschaft, einer großen muslimischen Minderheit, die nicht in der Moschee betet wie die sunnitische Mehrheit im Land, sondern im vertrauten Kreis, mit der Langhalslaute, der Saz, in der Hand. Die Musik ist ein wichtiges Element der alevitischen Liturgie.

Wer Aynur, wie sich die Künstlerin heute kurz und bündig nennt, auf der Bühne sieht, der ahnt etwas von der spirituellen Magie dieser Lieder. Ihre Stimme ist grandios, und sie klingt zudem nach der Inbrunst verloren geglaubter Zeiten. Man merkt das, wenn sie vom Kurdischen ins Türkische wechselt, das ihr ferner ist, gerade in der Musik. Wenn sie auf der Bühne singt, kommt das Kurdische aus dem tiefsten Inneren. Natürlich beherrscht die Sängerin die offizielle Landessprache. Die aber trat erst mit der Schule in ihr Leben. Damals fingen auch die Eltern an, richtig Türkisch zu lernen, notgedrungen, denn sie wollten mit dem Lehrer reden können. Bis dahin hatten die beiden nur türkische Grundkenntnisse, um sich in Ämtern und bei größeren Besorgungen in der Stadt zurechtzufinden. „Meine Eltern kennen keine andere Kultur als unsere eigene. Sie ist ihr Leben", sagt die Tochter. Sie bezweifelt, dass ihre Eltern jemals die offizielle Sprache der Republik perfekt beherrschen werden.

Und so wuchs das Kind mit seinen sechs Geschwistern heran. Es pendelte zwischen den Welten, zwischen dem Elternhaus mit der vertrauten Kultur und der Schule, in der es einer neuen Kultur begegnete, der Kultur der herrschenden Obrigkeit. Als das Mädchen zu einer jungen, schönen Frau herangereift war, kam der Tag, an dem seine Familie das Dorf verlassen musste, so wie viele andere auch in dieser gefährlichen Zeit. Und so kam das Mädchen in die ferne, große Stadt. Dort gab es elektrischen Strom, man konnte fernsehen und Radio hören. Die Menschen sprachen eine andere Sprache, sie sangen andere Lieder, und das Mädchen stellte fest, dass die meisten Menschen dort überhaupt ganz anders waren. Es vermisste die Lieder seines Dorfs.

Es könnte wieder alles wie in einem alten Märchen klingen. Doch der „Kulturschock", wie Aynur Doğan ihren Umzug nach Istanbul bezeichnet, war real. Mehr noch: Er führte zu einer brisanten Erkenntnis. „Ich habe erst da gemerkt, was es heißt, aus einer Welt zu kommen, die vom Untergang bedroht ist", sagt sie. Damals war sie keine zwanzig Jahre alt. Das ist sonst nicht das Alter, in dem man über die Bedeutung traditionsreicher Kulturen sinniert. Es ist eher das Alter, in dem man sich der globalen, kommerziellen Jugendkultur hingibt, Coke, Pop und Rock 'n' Roll. Aynur Doğan aber schärfte ihr Bewusstsein. Sie erkannte, dass sie gegen die Gefahr des Verlusts angehen wollte, wenn auch nicht mit politischen Mitteln – auch das wusste sie gleich. Es war der Moment, in dem sich die türkische Kurdin die Musik zur Lebensaufgabe gemacht hat. „Dabei", sagt sie und lacht, „war es doch nie mein Ziel gewesen, Musikerin zu werden."

Sie besuchte eine private Musikakademie und schrieb sich an der Schule des berühmten Komponisten und Saz-Virtuosen Arif Sağ ein. Sie wollte mehr über die Langhalslaute wissen, über das Schlüsselinstrument der alevitischen Musik. In seiner bei den Riten verwendeten Ursprungsform heißt es Tembur, hat drei Saiten, weniger also als seine größere, etwas dickbauchigere Schwester, die Saz, die allgemein in der türkischen Volksmusik bis hin zur Arabeskmusik immer mehr Raum gewonnen hat. Aynur begann, gemeinsam mit türkischen Gruppen zu arbeiten, mit der bekannten Band Yorum, die sich auf Protestsongs spezialisiert hat, mit Orient Expressions, einer coolen DJ- und Musikerformation, und mit dem Musiker Metin Kemal Kahraman, mit dem sie sich schon ans Kurdische herantastete, meist aber beim Türkischen blieb. Zum Kern ihres Talents freilich drang Aynur in dieser Zeit noch nicht vor.

Das waren die neunziger Jahre. Aynur kann von Glück sagen, dass sich ihre Stimme genau in derselben Zeit professionell zu entfalten begann, als sich politisch so manche Verhärtung zu lösen anfing. Am 12. April 1991 wurde das Sprachverbotsgesetz aufgehoben, das sich in erster Linie gegen den Gebrauch des Kurdischen gerichtet hatte. Die Militärregierung, die durch den Putsch vom 12. September 1980 an die Macht gekommen war, hatte dieses Verbot 1982 erlassen. Es war Bestandteil der neuen Verfassung. Ein Jahr später wurde es im Sprachengesetz Nr. 2392 noch präziser ausformuliert, Strafandrohung bei Zuwiderhandlung inklusive. Somit war jene Sprache aus dem öffentlichen Leben verbannt, die schätzungsweise zwölf Prozent aller türkischen Staatsbürger ihre Muttersprache nennen. Auf diese Prozentzahl kommen Wissenschaftler, wenn sie die Daten der beiden Volkszählungen von 1935 und 1965 hochrechnen. Damals wurde die Bevölkerung noch nach der Muttersprache gefragt, bei späteren Volkszählungen bezeichnenderweise nicht mehr. Man weiß aber heute beispielsweise aus einer Umfrage der Stadtverwaltung im südostanatolischen Diyarbakır, dass dort in 72 Prozent der Haushalte Kurdisch gesprochen wird, doch nur in 24 Prozent Türkisch.

Die kurdische Sprache hat mit dem Türkischen nichts zu tun. Es gibt keine Ähnlichkeiten, weder in der Syntax noch in der Morphologie. Es handelt sich um Sprachen ganz unterschiedlicher Sprachgruppen. Das Kurdische wird zur Gruppe der iranischen Sprachen gezählt. Seine Dialekte weichen zum Teil stark voneinander ab. Genau genommen sind diese Unterschiede so ausgeprägt, dass Sprachwissenschaftler darüber streiten, ob es sich um Dialekte oder um ganz und gar unterschiedliche Sprachen handelt. Eine solche Grenzziehung ist generell schwierig. In der Türkei überwiegt das Kurmandschi, mit dem auch Aynur aufgewachsen ist. Zaza wird vor allem in der Region zwischen Sivas, Diyarbakır und Erzurum gesprochen. Es fungiert, wie Linguisten feststellen, in erster Linie als Haus- und Dorfsprache. Wer Zaza spricht, beherrscht häufig auch Kurmandschi und definiert sich als Kurde. Sorani, eine weitere kurdische Sprache, ist vor allem im Irak anzutreffen und wird in arabischer Schrift geschrieben.

Vor 1928 wurde auch in der jungen türkischen Republik noch arabisch geschrieben, so wie zuvor im Osmanischen Reich. 1928 führte die Regierung in Ankara die lateinische Schrift ein. Die Reform betraf die türkische Sprache. Die Umstellung war für alle gravierend. Nachwachsende Generationen in der Türkei sind seither von den alten Zeiten wie abgeschnitten, auch von der eigenen Familiengeschichte, denn sie können die Dokumente und Grabinschriften ihrer Vorfahren nicht mehr entziffern. Im Fall der kurdischen Sprachgeschichte kommt noch eine Besonderheit hinzu: Die Verschriftlichung der Sprache hatte noch keine Tradition entfalten können, weil sie erst um die Wende zum 20. Jahrhundert vorangetrieben wurde. In dieser Zeit wurde beispielsweise das alte kurdische Epos *Man und Zin* von Ahmad-i Chanis (1651–

1706) erstmals niedergeschrieben und im Zuge eines neu entstehenden kurdischen Nationalismus zum Nationalepos erklärt. Es blieb aber beim alten Brauch, den Sprach- und Geschichtenschatz mündlich zu überliefern.

Doch dieser Brauch brach mit Gründung der Republik zwangsläufig ab. Denn der neue Staat nutzte die türkische Sprache als politisches Instrument. Sie sollte den Zusammenhalt der jungen Nation fördern und die Abkehr vom Osmanischen Reich unterstreichen. Die deutschen Turkologen Klaus Kreiser und Christoph K. Neumann zitieren in ihrer *Kleinen Geschichte der Türkei* aus einer Erklärung von 1920. Darin wird bereits das Ziel der künftigen Republik, ein einheitliches Schulwesen zu begründen und die „Schaffung eines Wörterbuchs unserer Sprache durch Sammlung des Wortschatzes breiter Bevölkerungsschichten" voranzutreiben, beschrieben. Es sollte nur eine Sprache geben, die türkische, so wie es gemäß der ersten Verfassung der Republik von 1924 nur eine Sorte Mensch geben durfte: „Die Einwohner der Türkei heißen ohne Ansehung der Religion und Rasse ‚Türke' im Sinne der Staatsangehörigkeit." Begriffe wie Kurde oder Tscherkesse wurden per Runderlass des Erziehungsministeriums verboten. Auch der Begriff Kurdistan, der noch im Osmanischen Reich auch in offiziellen Dokumenten verwandt worden war, wurde geächtet. Später belegten städtische Verordnungen den Gebrauch von nicht-türkischen Sprachen mit Geldstrafen.

Von einer freien Entfaltung der kurdischen Kultur konnte über Jahrzehnte keine Rede sein. Und auch jene, die sich im türkischen Kulturleben etablierten, aber selbst kurdischer Abstammung waren, änderten daran nicht viel. Im Gegenteil, manche sollen in den frühen Jahrzehnten der Republik sogar am politisch erwünschten Einheitskurs mitgewirkt haben – manch ein Volksliedsammler beispielsweise, der kurdisches Liedgut türkisierte, um es dann den staatlichen Archiven einzuverleiben. Später, in den achtziger Jahren, wurden kurdische Musikkassetten im Ausland produziert, in Deutschland beispielsweise. Unter der Hand wurden diese Kassetten in der Türkei vertrieben. Kurdische Konzerte waren undenkbar. Schon wer in einer Kneipe oder im Taxi kurdische Musik abspielte, konnte vor Gericht landen. Solche Anklagen und auch die entsprechenden Verurteilungen hat es bis ins neue Jahrtausend hinein gegeben. Die allgemeine Stimmung war entsprechend politisiert und aufgeputscht. Die Polarisierung äußerte sich in gesellschaftlich antrainierten Reflexen: Tönte etwa bei privaten Festen kurdische Musik aus den Lautsprechern, musste sich der Gastgeber von seinen Freunden schon mal fragen lassen, ob er zur PKK übergelaufen sei.

„Vom Tag ihrer Gründung, dem 29. Oktober 1923, bis heute hat sich die Türkische Republik zu einem System unerträglicher Zwänge und Grausamkeiten entwickelt", schrieb der türkische Schriftsteller Yaşar Kemal, selbst kurdischer Abstammung, Anfang 1995 in einem Essay für das deutsche Nachrichtenmagazin *Der Spiegel*. Dieser schonungslos kritische Aufsatz unter der Überschrift „Feldzug der Lügen" brachte dem Grandseigneur der modernen türkischen Literatur ein Strafverfahren ein. Das Staatssicherheitsgericht bezichtigte den damals 72-Jährigen der „separatistischen Propaganda". Sein Buch *Die Freiheit der Gedanken und die Türkei* wurde beschlagnahmt. Intellektuelle weltweit, aber auch in Kemals eigenem Land solidarisierten sich. Ende 1995 wurde der Autor freigesprochen, aber ein Jahr später schon wieder angeklagt: Diesmal verurteilte ihn das Gericht wegen Volksverhetzung zu einer Haftstrafe von einem Jahr und acht Monaten auf Bewährung. Einige Monate später ging Kemal mit seiner Frau nach Schweden. Später kehrte der Schriftsteller, der in seinen Romanen wie kaum ein anderer die Seele des Volkes berührt, in seine Heimat zurück

Noch in den neunziger Jahren gab es unzählige Anklagen dieser Art. Das Sprachverbot war zwar gelockert worden, aber irgendein Grund zur Anklage fand sich oft dennoch. Für öffentlichen Aufruhr reichte mitunter schon ein einziger kurdischer Satz. So war das, als die kurdische Parlamentarierin Leyla Zana vereidigt wurde. Als Mitglied der ersten kurdischen Gruppierung überhaupt zog sie 1991 in die Große Nationalversammlung ein. Sie sprach ihren Eid auf Türkisch, fügte dann aber noch ein paar Worte auf Kurdisch hinzu: „Es lebe die Aussöhnung zwischen dem kurdischen und dem türkischen Volk!" Damit löste Leyla Zana im hohen Haus heftige Tumulte aus. Die Empörung erscheint übertrieben. Sie hat freilich etwas Zwangsläufiges, wenn man dem Kieler Sprachwissenschaftler Geoffrey Haig folgt. Haig, der sich speziell mit dem Kurdischen beschäftigt, spricht von einer Politik des Unsichtbarmachens der kurdischen Sprache. Kurden in der Türkei kennen diese Strategie aus ihrem Alltag auch ohne wissenschaftliche Analyse: Die Namen von kurdischen Orten und Provinzen sind türkisiert, und kurdische Vornamen und sogar Buchstaben wie das „w", das es im türkischen Alphabet nicht gibt, durften nicht vorkommen. Alles soll so sein, als hätte es das Kurdische nie gegeben. Doch Leyla Zana entlarvte diese Strategie mit einem symbolischen Akt. Das kostete sie ein Strafverfahren wegen „Separatismus" und zehn Jahre Haft.

Wie kann sich eine Kultur weiterentwickeln, die es offiziell nicht geben darf? Yaşar Kemal erklärte in seiner Dankesrede anlässlich der Verleihung des Friedenspreises des Deutschen Buchhandels 1997: „Da seit siebzig Jahren den Kurden das Lesen und Schreiben in ihrer Sprache verboten war, griffen sie gezwungenermaßen zur mündlichen Dichtkunst, schufen große Sagen, Märchen, Volks- und Klagelieder. Es entstand eine reiche Volksdichtung, in der sie die Macht des Wortes im Rahmen der mündlichen Dichtkunst benutzten und diese fortentwickelten." Ingesamt bewertet auch Yaşar Kemal das Verbot als massive Einschränkung – eine Einschränkung übrigens, die in seinen Augen auch die türkische Sprache und

Kultur geschwächt hat. Schließlich habe das Kurdische sie ihrerseits bereichert. Aber so wie der Grandseigneur der türkischen Literatur die Lebensfreude der Menschen für unsterblich hält, so hält er auch ihren Wunsch, sich frei auszudrücken, für unbesiegbar. „Ich wollte immer der Sänger des Lichts, der Sänger der Freude sein; habe immer gewollt, dass die Leser meiner Romane Menschen voller Liebe seien: zum Menschen, zu Wolf, Vogel und Käfer, zur ganzen Natur."

Yaşar Kemal liebt die Balladen, Klagelieder und Legenden Anatoliens. Auch Aynurs Lebensgeschichte lässt sich wie ein Märchen weitererzählen. Die Zeit in der Stadt verging, und aus dem Mädchen mit der schönen Stimme war nun eine selbstbewusste Frau geworden. Sie musste lange und weit wandern, um ihren Weg zu finden. Sie reiste weiter nach Westen, in ein fremdes Land, in dem es viel kälter war als in ihrem Heimatdorf. Dort, in der unbekannten Großstadt, aber sang sie plötzlich zum ersten Mal in ihrer eigenen Sprache. Die junge Frau fühlte sich so leicht und frei wie ein Vogel. Von da an wusste sie, dass sie in der Sprache ihrer Väter und Vorväter, ihrer Mutter und ihrer Urmütter singen musste. Es war ein magischer Moment. Und niemand wurde zornig.

Im Gegenteil. Der Applaus in London war riesengroß. Das Publikum rief: „Weiter so!" Das war irgendwann Ende 1999, Anfang 2000. Auch heute ist es übrigens noch so, dass Aynurs Erfolg vom Ausland zurückwirkt auf ihre eigene Heimat. In Europa, im Fernen Osten und 2006 auch im kurdisch dominierten Nordirak gibt sie Konzerte. Nicht in Istanbul, sondern bezeichnenderweise in London traf sie Hasan Saltık, der 1991 das ungewöhnliche CD-Label Kalan gegründet hat, das längst zu den marktbeherrschenden in der Türkei gehört. Kalan ist eine Art alternatives Musikarchiv des Landes: Es birgt Schätze des ehemaligen Vielvölkerstaates, Lieder der Griechen und Armenier, der Aleviten und syrisch-orthodoxen Christen, der Lasen, Georgier, Azeris und auch der Kurden, dieser mit über zehn Millionen Menschen größten Minderheit in der Türkei. Aynur ist längst eines der Zugpferde von Kalan.

Saltıks Label passt in die sich wandelnde Zeit. Aber er hat kämpfen müssen. Es galt, Anklagen zu überstehen, Gefängnis drohte. Auch Aynurs erste CD *Kece Kurdan* („Kurdisches Mädchen") rief die Justiz auf den Plan. Wegen des Titelsongs wurde das Album in 81 Städten verboten. Der Richter in Diyarbakır las aus dem Text einen Aufruf an junge Frauen heraus, in die Berge zu gehen, sich der Guerilla, also der PKK, anzuschließen und gegen das türkische Militär zu kämpfen. Aynur interpretiert diese Zeilen ihres Lieds ganz anders: Mädchen, lernt etwas! Lasst euch nicht unterkriegen! Kämpft für eure Rechte! Sie selbst hat es auf ihre Weise so gemacht, als sie für ihre Vision der eigenen Kultur zu kämpfen begonnen hat – unbeeindruckt von den politischen Grenzen, aber auch von den engen Grenzen einer weithin archaisch-patriarchalischen Gesellschaft. Am Ende hat sich die Sängerin durchgesetzt. Die CD wurde überall freigegeben. Man muss einmal bei Konzerten darauf achten: Wenn Aynur *Kece Kurdan* singt, jubeln besonders die Mädchen und Frauen.

Für viele ist Aynur heute eine Stimme der Hoffnung. Und manchmal verwundert es geradezu, bei wem sie Anerkennung auslöst: Als der deutsche Politiker Cem Özdemir sie bat, vor Abgeordneten des Europaparlaments in Istanbul zu singen, würdigte ausgerechnet die türkische Presse die Sängerin als „die kurdische Botschafterin der Türkei". Mit sanfter Beharrlichkeit in der Stimme trägt auch Aynur dazu bei, dass wieder Vielfalt zu blühen beginnt, dass sich Kurdisches neben dem dominanten Türkischen wieder öffentlich regen darf. Die Menschen registrieren das mit feinem Gespür. Ein einziges Lied kann schon eine Aussage sein – *Dar Hejiroke* beispielsweise, das Aynur 2005 in dem Liebesfilm *Gönül Yarasi* („Verwundete Herzen") von Yavuz Tuğrul singt. So viel Kurdisch hatte in einem türkischen Erfolgsfilm bis dahin noch niemand gesungen.

An Aynurs Erfolg lässt sich erkennen, was für ein kraftvolles Potenzial die kurdische Kultur haben kann – dann vor allem, wenn sie sich nicht von einer radikalen Ideologie für den Kampf vereinnahmen lässt und wenn sie sich auch nicht in staatlich erzwungener Assimilation auflöst, sondern um der Ästhetik willen frei sein will. Eine solche Kultur kann die Polarisierung und die mit ihr einhergehende Ausweglosigkeit überwinden helfen.

Anzeichen dafür gibt es: Die Zeit der Entdeckungen und des Experimentierens hat begonnen. Da übersetzen erste, kleine kurdische Verlage schöngeistige Literatur – Edgar Allan Poe, T. S. Eliot oder Walt Whitman –, und so manches erscheint zweisprachig, auf Türkisch und Kurdisch. Da beginnen junge Autoren auch in Istanbul das weite kurdische Feld zu beackern. Und da machen sich kurdische Intellektuelle daran, die Sprache vor dem Vergessen zu bewahren. Kurdisch, so schreibt der Turkologe Martin Strohmaier, sei keine aussterbende, aber eine gefährdete Sprache mit ungewisser Zukunft. Jenseits der Türkei gibt es einige wissenschaftliche Zentren, die sich um das Kurdische und seine Kultur bemühen. In der Türkei müssten hier noch Grundlagen geschaffen werden. Bis in die neunziger Jahre vertrat die ideologisch weithin gleichgeschaltete Wissenschaft im Land noch die Ansicht, dass es in der Türkei nur eine Sprache gebe: das Türkische.

Der Nachholbedarf ist beträchtlich. Die junge Istanbuler Poetin Bejan Matur, selbst kurdischer Abstammung, reist oft nach Ostanatolien. Sie fühlt sich der Kultur dort verbunden. Sie spricht Kurdisch und lernt zudem Arabisch. Zu ihren Lesungen, beispielsweise in Diyarbakır, strömen die Menschen, einmal sind es sogar tausend gewesen. Die Leute seien wie ausgehungert, sagt sie. Bejan Matur hat sich dafür entschieden, auf Türkisch zu schreiben. So erreicht sie ein größeres Publikum. Außerdem schätzt sie die Ausdrucksvielfalt der türkischen Sprache. Das kurdische Vokabular dagegen reicht ihrem Gefühl nach für Elegien und für Märchen, also für die klassischen Genres dieser anatolischen Kultur, nicht aber für den modernen urbanen Roman. Das habe mit der mündlichen Tradition des Kurdischen zu tun, aber auch mit der politisch eingeschränkten Entfaltungsmöglichkeit der Sprache. Kurden, die im Osten leben und dichten, die sich als Wortsammler und Wortschöpfer betätigen und die bei ihrer Arbeit noch immer beträchtliche Risiken eingehen, sehen das mitunter anders.

Sprache muss auf alle Fälle wachsen – und ohne Freiheit geht das nicht. Der Annäherungsprozess an die Europäische Union fördert auch diese Entwicklung. Eine Türkei, die tatsächlich EU-Mitglied werden will, kann sich nicht weiterhin als repressive Kontrollinstanz der kurdischen Kultur gebärden. Sie wird diese den Menschen selbst überlassen müssen. Die Fortschrittsberichte der Europäischen Union dokumentieren auch hierzu die Lage. Bezogen auf die Situation von Minderheiten wie Kurden oder auch Roma fasste die EU noch 2006 nüchtern zusammen: „Insgesamt hat die Türkei bei der Wahrung der kulturellen Vielfalt und der Förderung der Achtung vor und des Schutzes von Minderheiten im Einklang mit den internationalen Standards nur geringe Fortschritte erzielt." Ausgesprochen kritisch wird die Lage auch im Fortschrittsbericht von 2007 bewertet. Wie fragil sie nach wie vor ist, hat der wieder aufbrechende Konflikt mit der PKK im Herbst desselben Jahres gezeigt. Ihre Angriffe, die vielen Bilder von den Toten, die ständige Unruhe – all das hat die türkische Gesellschaft aufgewühlt. Plötzlich hat man sich weithin wieder als gegenüberstehende, letztlich unversöhnliche Lager empfunden: hier die Türken, dort die Kurden.

Fakt ist: Die kurdische Sprache ist im neuen Jahrtausend zwar nicht mehr verboten, aber ihr Gebrauch wird weiterhin restriktiv gehandhabt. Die Amtsenthebung des Innenstadt-Bürgermeisters von Diyarbakır, Abdullah Demirbaş, im Juni 2007 kann als symptomatisch gelten: Weil der Lokalpolitiker

Informationsbroschüren der Stadtverwaltung auch auf Kurdisch, Arabisch, Armenisch und Aramäisch hatte auflegen lassen, wurde er von einem Gericht seines Amtes enthoben. Für seinen mutigen Vorstoß hatte sich Demirbaş die Rückendeckung seines Bezirksrats und des Oberbürgermeisters von Diyarbakır, Osman Baydemir, geholt. Demirbaş hielt sich nicht an die gängigen Argumentationslinien: Der Versuch, eine mehrsprachige Verwaltung einzuführen, sei kein Versuch gewesen, die Türkei zu spalten, sondern sie zu einen, sagte er in einem Gespräch vor der Anklage. Er kündigte an, vor dem Europäischen Gerichtshof für Menschenrechte in Straßburg gegen den Gerichtsentscheid zu klagen.

Kurden wie Abdullah Demirbaş haben gelernt, in europäischen Zusammenhängen zu denken. Und sie haben die Vorteile erkannt: beispielsweise, dass in einer freien, pluralistischen Gesellschaft die freie Ausübung der Kultur und der freie Gebrauch der eigenen Sprache Grundrechte sind. Der Gegensatz zur Realität könnte kaum größer sein: Die kurdische Spracherziehung in der Türkei ist ein ungelöstes Problem. An den staatlichen Schulen darf kein Kurdisch unterrichtet werden. Zwar hat die Regierung unter der AKP von Ministerpräsident Erdoğan bereits in ihrer ersten Legislaturperiode zugelassen, dass an privaten Instituten Kurdischkurse gegeben werden dürfen. Aber die vielen Beschränkungen haben dies bisher wie von selbst verhindert. Die wenigen Projekte, die es gab, wurden schnell wieder eingestellt. Auch im Radio oder im Fernsehen dürfen keine Sprachkurse gesendet werden. Immerhin gibt es mittlerweile kurdische Sendungen: 2004 begann der Staatsrundfunk TRT auf Druck der EU schließlich doch, kurdische Sendungen ins Programm zu nehmen. Inzwischen sind auch private Fernseh- und Hörfunkprogramme auf Kurdisch auf Sendung gegangen. Sie unterliegen freilich strengen Auflagen. Mit Ausnahme von Liedern muss alles türkisch untertitelt sein. So lassen sich die Inhalte leichter kontrollieren, und unberechenbare Livesendungen verbieten sich wie von selbst. Viele Kurden mögen die staatlich observierten Angebote nicht. Sie schauen weiter den kurdischen Kanal Roj-TV, der aus Dänemark via Satellit sendet.

Fortschritte sind dennoch möglich, wie das Beispiel der singenden Aynur zeigt. Die Eröffnungssitzung des neu gewählten Parlaments im Juli 2007 war eine denkwürdige Veranstaltung. Erstmals seit dem Eklat um Leyla Zana zogen wieder Abgeordnete einer pro-kurdischen Partei, der Partei für Demokratische Gesellschaft (DTP), in die Große Nationalversammlung ein. Doch Entscheidendes war völlig anders: Die zwanzig Politiker sprachen ihre Eidesformel auf Türkisch, und auch sonst setzten sie sich von ihren Vorgängern ab: „Wir wollen keinen eigenen Staat", versicherte der Politiker Sırrı Sakık stellvertretend für die Gruppierung, „wir wollen unsere Probleme in einer vereinten Türkei lösen." Das Parlament könnte die Plattform für die Auseinandersetzungen über den richtigen Weg zu diesem Miteinander werden. Die Kontrahenten sind allesamt dort vereint: Die Platzordnung will es sogar so, dass die Abgeordneten der pro-kurdischen Partei neben jenen der ultranationalistischen Nationalen Volkspartei (MHP) sitzen.

Es gilt, die Polarisierung zu überwinden. Nur so lässt sich langfristig der Boden für den Terrorismus austrocknen. Es gilt auch, dem alten Spiel zu widerstehen, das nicht zuletzt die PKK der Türkei aufgezwungen hat, um die Gegensätze anzuheizen – einem Spiel, das türkischerseits viele allzu gerne mitspielen, weil es nach einem vertrauten Muster funktioniert: Gewalt wird beantwortet mit Gewalt, die sich als unverzichtbar im Abwehrkampf gegen den äußeren Feind rechtfertigen lässt. Die Bedrohungsszenarien der Nationalisten und auch des Militärs appellieren an die schlimmste aller türkischen Ängste: die Angst, das Land könnte zerbrechen, die Gesellschaft in ethnische und religiöse Gruppen zerfallen – und das große Ganze, der Nationalstaat wäre dem Untergang geweiht.

Das Trauma sitzt tief. So wenig sich über dieses Trauma einfach hinweggehen lässt, so leicht lässt es sich instrumentalisieren. Das Vertrauen freilich, das eine Gesellschaft gegen derartig tiefe Ängste immunisieren könnte, wächst langsam.

Im Kulturleben und auch in der Zivilgesellschaft arbeiten viele inzwischen daran, dieses Vertrauen zu stärken. Denn je stärker sich die Menschen um ihre eigenen Belange kümmern, desto entschiedener werden auch die militanten Kämpfer der PKK an den Rand gedrängt. Voraussetzung ist allerdings, dass sich diese Zivilgesellschaft entfalten kann. Das ist schwierig genug. „Die Lage im Südosten hatte sich seit dem Wiederaufflammen der Gewalt durch die Anschläge der PKK wieder verschlechtert", heißt es im EU-Fortschrittsbericht von 2006. „Von November 2005 bis Juni 2006 wurden 774 Terroranschläge gemeldet, denen 44 Armeeangehörige, fünf Polizisten und 13 Zivilisten zum Opfer fielen." Nach dem Newroz-Fest im März 2006 brach eine Gewaltwelle los. Die Unruhen gingen von Diyarbakır aus und griffen auf mehrere Städte über. Dabei attackierten Demonstranten Angehörige der Polizei, aber auch Bewohner und Geschäfte. Zehn Zivilisten kamen in dieser Zeit ums Leben, darunter auch Kinder. Die Sicherheitskräfte griffen rabiat durch. Die Gewalt schaukelte sich hoch. Auch vor den Parlamentswahlen im Juli 2007 flammten die Kämpfe auf gefährliche Weise auf, noch heftiger dann im Herbst desselben Jahres. Und wieder starben viele Soldaten in Gefechten mit der PKK. Zu viele Familien haben schon ihre Söhne in dem schmutzigen Krieg verloren. Viele rufen nach Rache. Den Leidtragenden lässt sich schwer vermitteln, warum die Zukunft in der Freiheit liegen soll.

Die Sprache ist ein wichtiger Bestandteil der Kultur, aber sie muss nicht unbedingt ihre alleinige Voraussetzung sein. Früher einmal existierten in Anatolien viele Sprachen nebeneinander. Der Historiker Orhan Silier, der bis 2006 der Vorsitzende der Stiftung für Geschichte („Tarih Vakfı") war, sagt, diese kaukasisch-mesopotamisch-südostanatolisch-türkische Mischung sei unvergleichbar mit allem, was man aus Europa kennt. Noch im 19. Jahrhundert habe man sogar in kleinen Städten bis zu 14 Sprachen antreffen können. Informationsbroschüren wie etwa die einer Gewerkschaft seien in sechs Sprachen veröffentlicht worden. Es war selbstverständlich, dass auch ganz normale Bürger zwischen mehreren Sprachen hin- und herwechselten. Kurdische Intellektuelle und Gelehrte waren damals traditionell vielsprachig – und sie sind es mitunter auch heute. Jeder sollte frei sein, sich in der Sprache zu artikulieren, in der er sich artikulieren möchte. Das kann freilich auch das Türkische sein. So wie bei Yaşar Kemal, von dem heute jeder weiß: Er ist ein türkischer Schriftsteller mit kurdischer Abstammung.

Schön wäre es, die kurdische Kultur in der Türkei erblühte weiter – jenseits der nationalen Zuschreibungen. Jedes Lied, jeder Film, jeder Roman, in dem Kurdisches aufleuchtet, ist eine Blume mehr. Manche mögen schnell wieder verwelken. Nicht jede Sängerin ist eine Aynur. Viele kurdische CDs mit typischen Mainstream-Arrangements werden offenbar nur produziert, um Geld zu machen. Aber auch so dringt das Kurdische ins türkische Bewusstsein. Als im Februar 2006 der Blockbuster *Tal der Wölfe* in die Kinos kam, sah das Publikum einen Film mit erstaunlich vielen türkischen Untertiteln, weil reichlich Kurdisch palavert wurde zwischen all den Schießereien. Die Bestsellerautorin Ayşe Kulin, deren Unterhaltungsromane den weiblichen Lesegeschmack treffen, erzählt in *Bir Gün* („Eines Tages") die Geschichte einer Türkin, die ihre kurdische Jugendfreundin in der Strafanstalt besucht. Die Geschichte erinnert an jene der Parlamentarierin Leyla Zana. 2005, ein Jahr nach Leyla Zanas überraschender Haftanlassung, konnte ein solches Buch erscheinen, ohne Aufruhr zu verursachen. Dass die Jugendfreundin der türkischen Protagonistin kein Wort Türkisch sprach, bevor sie in die Schule kam

– das war, wie jeder weiß, normal und ist es mitunter auch heute noch.

Es ist nicht lange her, da war das anders. Noch 1977 hatte der Schriftsteller Ferit Edgü in *Ein Winter in Hakkari* die Geschichte eines in den hintersten Osten Anatoliens verbannten Intellektuellen erzählt, der vor einer Dorfschulkasse steht – und kein Kind kann Türkisch. Eindrucksvoll beschreibt Edgü, wie der Lehrer die Sprachlosigkeit und mit ihr die Fremdheit überwindet. Doch das Wort „Kurde" oder „kurdisch" erwähnt er mit keinem Wort. Auch Aynur könnte in einer solchen Klasse gesessen haben. Als sie eingeschult wurde, sprach auch sie so gut wie kein Wort Türkisch. So jung sie ist, so viel Wandel hat sie dennoch bereits erlebt. Ob er sie ermutigt, weiterzumachen?

Aynur, die gerne von Musik redet, die aber ihre Augen vor dem Politischen nicht verschließen kann, sagt, sie sei nicht pessimistisch. Die Menschen in der Türkei hätten genug von der Auseinandersetzung. Das Volk wolle Frieden. Aber sie schränkt ein: „Musik und Kultur kann nur bis zu einem bestimmten Punkt Freiheit schaffen." Ein System, das ein Attentat inszeniert, nur um den ganzen Konflikt weiter am Kochen zu halten, lässt sich nach Ansicht der Sängerin mit Musik nicht verändern. Damit meint sie die Bombenexplosion vor einem Buchladen der südostanatolischen Stadt Şemdinli im November 2005. Ein Mann kam dabei ums Leben. Als die mutmaßlichen Täter mit dem Auto flüchten wollten, wurden sie von Passanten gestellt und der Polizei übergeben. Es stellte sich heraus, dass es sich bei den vermeintlichen Terroristen um Angehörige der Armee handelte, und ihr Auto gehörte der Gendarmerie.

Musik, sagt Aynur, kann im Unterbewusstsein Gefühle ansprechen. Aber wenn da nichts sei, wenn es da gar keine Gefühle gebe, dann könne auch nichts durch die Musik verändert werden. Und auch das ist Realität: Konzerte in der Türkei gibt die kurdische Sängerin selten. Vor allem, wenn sich die Lage im Osten mal gerade wieder zuspitzt, haben manche Veranstalter Angst, Nationalisten könnten den Saal stürmen. Oder zumindest fürchten sie, es könnte Unannehmlichkeiten geben. Aynur wundert das nicht. „Meine Musik hilft, Vorurteile abzubauen. Davor hat das System Angst." Aynurs Musik sucht sich ihre Wege zu den Menschen – und sei es, dass diese ihr hinterherreisen, so wie eine Bürgermeisterin aus Dersim, offiziell genannt Tunceli, die 2006 bei einer Deutschlandreise eigens zu einem Konzert der Sängerin kam.

Es war einmal ein junges Mädchen, das wurde von seinem Lehrer verprügelt, wenn es seine Lieder in seiner eigenen Sprache sang. Damals konnte das Mädchen nicht verstehen, was das alles zu bedeuten hatte. Heute ist es zu einer schönen, klugen Frau herangewachsen, die weiß, wie wichtig ihre Lieder für die Menschen sind. Denn diese Lieder können auch den schlimmsten Bruderkrieg überleben.

Literatur

Peter Alford Andrews (Hg.): Ethnic Groups in the Republik of Turkey (Beihefte zum Tübinger Atlas des Vorderen Orients, Reihe B, Geisteswissenschaften Nr. 60.2). Reichert, Wiesbaden 2002

Duygu Asena: Die Frau hat keinen Namen. Eine Türkin entdeckt die Folgen des kleinen Unterschieds. Piper, München 1992

Stephan Conermann, Geoffrey Haig (Hg.): Die Kurden. Studien zu ihrer Sprache, Geschichte und Kultur. EB Verlag, Hamburg 2004

Heinrich Böll Stiftung: Wenn man die Armenierfrage diskutiert ... Istanbul 2006

Amin Farzanefar: Kino des Orients. Stimmen aus einer Region. Schüren, Marburg 2005

Nilüfer Göle: Republik und Schleier. Die muslimische Frau in der modernen Türkei. Babel, München 1993

Nilüfer Göle, Ludwig Ammann (Hg): Islam in Sicht. Der Auftritt von Muslimen im öffentlichen Raum. Transcript, Bielefeld 2004

Martin Greve: Die Europäisierung orientalischer Kunstmusik in der Türkei. Peter Lang, Frankfurt am Main 1995

Martin Greve: Die Musik der imaginären Türkei. Musik und Musikleben im Kontext der Migration aus der Türkei in Deutschland. J. B. Metzler, Stuttgart 2003

Christine Jung: Islamische Fernsehsender in der Türkei. Zur Entwicklung des türkischen Fernsehens zwischen Staat, Markt und Religion. Klaus Schwarz, Berlin 2003

Hans-Lukas Kieser (Hg.): Der Völkermord an den Armeniern, die Türkei und Europa. Chronos, Zürich 2006

Klaus Kreiser, Christoph K. Neumann: Kleine Geschichte der Türkei. Reclam, Stuttgart 2003

Claus Leggewie (Hg.): Die Türkei und Europa. Die Positionen. Suhrkamp, Frankfurt am Main 2004

Wolfgang Günter Lerch: Die Laute Osmans. Türkische Literatur im 20. Jahrhundert. Allitera, Frankfurt 2003

Hilal Onur: Intellektuelle der Türkei. Die historischen Gründe ihrer Marginalität und Entwicklungstendenzen. Nomos, Baden-Baden 1999

Barbara Pusch (Hg.): Die neue muslimische Frau. Standpunkte und Analysen. Istanbul 2001

Annette Schaefgen: Schwieriges Erinnern: der Völkermord an den Armeniern. Metropol, Berlin 2006

Günter Seufert: Politischer Islam in der Türkei. Islamismus als symbolische Repräsentation einer sich modernisierenden muslimischen Gesellschaft. Franz Steiner, Stuttgart 1997

Martin Strohmaier, Lale Yalcin-Heckmann: Die Kurden. Geschichte, Politik, Kultur. C. H. Beck, München 2000